本书系天津大学自主创新基金项目（校内编号2011XJ–0042，项目编号1102042）成果

光明社科文库

古器图录与商周礼制文化研究

牛　倩◎著

光明日报出版社

图书在版编目（CIP）数据

古器图录与商周礼制文化研究 / 牛倩著 .-- 北京：
光明日报出版社，2019.6

（光明社科文库）

ISBN 978-7-5194-5384-8

Ⅰ.①古… Ⅱ.①牛… Ⅲ.①古器物—中国—商周时
代—图集②礼仪—研究—中国—商周时代 Ⅳ.
① K875.02 ② K892.9

中国版本图书馆 CIP 数据核字（2019）第 114035 号

古器图录与商周礼制文化研究
GUQI TULU YU SHANGZHOU LIZHI WENHUA YANJIU

著　　者：牛　倩

责任编辑：曹美娜　朱　然　　　　责任校对：赵鸣鸣
封面设计：中联学林　　　　　　　责任印制：曹　净

出版发行：光明日报出版社
地　　址：北京市西城区永安路 106 号，100050
电　　话：010-63131930（邮购）
传　　真：010-63169890
网　　址：http://book.gmw.cn
E－mail：caomeina@gmw.cn
法律顾问：北京德恒律师事务所龚柳方律师

印　　刷：三河市华东印刷有限公司
装　　订：三河市华东印刷有限公司
本书如有破损、缺页、装订错误，请与本社联系调换，电话：010-67019571

开　　本：170mm×240mm
字　　数：192 千字　　　　　　　印　　张：16
版　　次：2019 年 9 月第 1 版　　印　　次：2019 年 9 月第 1 次印刷
书　　号：ISBN 978-7-5194-5384-8

定　　价：85.00 元

前　言

　　古器图录是以图文结合的方式记录古器信息的著作，是器物文化的文本载体。其著述体例确立于宋，以存录夏、商、周古器为主要内容，且与经史文献密切相关，是研究上古及三代文化的重要资料。因此，古器图录不仅是传统器物研究的组成部分，也应成为文化研究的重要内容。

　　"因器求礼"是本书的主导思想。以北宋《考古图》《宣和博古图》与现代古器图录所载器物的形制、纹饰为研究对象，探讨研究过程中所发现的商周礼制文化的问题，尤重考察器物与礼制文化的渊源关系。

　　本书的主要架构与内容简括如下。

　　第一章"绪论"勾勒了古器图录的发展源流，概述了古器图录及相关领域的研究现状，并对本书的选题意义与研究重点做了简要的说明。

　　第二章"饕餮纹文化意义考源"通过对古器图录中饕餮纹所饰器物的归类整理，发现传统观点并不能完满地阐释饕餮纹应用于礼器的本质原因，而需从饕餮纹文化意义的历史生成过程中寻找答案。这也正是本章着力探讨的问题。

　　第三章"火纹文化意义考源"通过对火纹形象的探源，发现"火以圆"是成于上古的文化现象。固定的火纹形象直观上取象于日，本质上体现了"圆道周流"的哲学思想。结合火纹的适用器类分析，本书认为阴阳相合才是铸火纹于酒器的根本原因。

第四章"古器图录所载觥、匜考辨"对《考古图》与《宣和博古图》中觥与匜混称的情况加以辨析，并分别归类。在区别二者形制、用途的基础上，进一步阐释了其中所包蕴的礼制文化内涵。

第五章"古器图录所载乐器及相关文化考释"依照器类整理了《考古图》与《宣和博古图》所载的商周代表性乐器，并择要注析。在宋人解说的基础上，追溯八音乐器分类法形成的文化哲学意义。最后，对历史上存在异说的镈于形制文献进行了分析，结合考古实器阐释了"金镈和鼓"的文化意义。

本书具有以下三点特色:(1)考察北宋古器图录，对重点器物的文献做了必要的校勘与注释;(2)重在逐本溯源，发掘器形与纹饰所承载的商周礼制文化，尤其是哲学内涵，而非单纯的器形学、纹饰学研究;(3)虽为严肃的学术著作，论述语言典雅、规范，但力求生动，意趣盎然。

目 录
CONTENTS

第一章 绪论

一、古器图录发展源流概述

古器图录，是以直观摹绘图像的方式，记录古器形制、纹饰、铭文等综合信息，并附以必要的文字说明的著作。对古器图录的研究即古器图录学，隶属于器物研究的范畴。器物研究古已有之，沿革至宋而成体系初备的专门之学，且因研究重点各异而分辟领域，彼此联系，又相互区别。

拓印始创之期虽无确考，但据相关文献记载，魏晋六朝以后，古人已知传拓之术，迄唐代臻于成熟，唐初即有收藏传拓之书。注重准确传神地描摹金石文字的法帖之学，为古器铭文研究提供了可靠的文本依据，且便于检索。南朝梁元帝集录碑刻为《碑英》120卷，虽为金石文字著录之始，其书却亡佚不传。[①] 而以考证、训释钟鼎彝器及碑石文字为主要治学方法的金石学，研究范式与著述体例皆自北宋中晚期[②]

---

① 《集古录提要》："自梁元帝，始集录碑刻之文，为《碑英》一百二十卷，见所撰《金楼子》，是为裒辑金石之祖，今其书不传。"（据中华书局影印本《四库全书总目》引。）

② 欧阳修撰《集古录》成书于北宋中期仁宗嘉祐八年，赵明诚撰《金石录》成书于北宋末年。

确立。欧阳修所撰《集古录》为现存最早的金石学著述，与赵明诚所撰《金石录》同为金石学奠基之作。前者摹写器物铭文，配注释文。虽未依时世先后编次，然撮其大要，别为《录目》，并将研讨史传阙谬之文悉附《跋尾》。后者依时代顺序编撰器铭、碑拓目录，考释文字、校勘精审殊为勤力。金石学亦由此确立，成为独立门类的学术体系而持续发展。欧、赵二氏所著皆为文字记述，并未绘制古器图形，可界定为"古器叙录"之学。

古器叙录是对西汉刘向编订书籍叙录的借鉴与发展。《四库全书》所存南朝陈虞荔撰著的《鼎录》，系浙江鲍士恭私家藏本，乃现存最早的古器叙录。是书依次记述了虞夏迄魏晋六朝铸鼎故事，涉及器铭内容、字体、形制大略及保藏情况。叙录之学传承至宋，载事增详，体例愈加规范。南宋翟耆年所撰《籀史》，记述器物出土地点、形制、铭文篆刻、流传情况等具体信息。王俅所撰《啸堂集古录》二卷，存录古器铭文及释文。翟、王二著皆为典型的古器叙录。虽然宋代兴盛的金石学与叙录学皆以古器研究为基本出发点，但前者侧重文字考释，后者注重古器综合信息的著录，两者之区别在清代四库馆臣的分类中已体现得泾渭分明，将金石学著作划归史部目录类，将古器叙录判属子部谱录类。而同归谱录类的宋代古器图录，则在两者基础上呈现出另一番意趣盎然的学术景象。

古器图录学的实际奠基者应为北宋神宗朝之名臣李公麟。《宋史》本传载："李公麟字伯时，舒州人。……好古博学，长于诗，多识奇字，自夏、商以来钟、鼎、尊、彝，皆能考定世次，辨测款识，闻一妙品，虽捐千金不惜。……然因画为累，故世但以艺传云。"[①]李氏身居庙堂之

---

① 《宋史·文苑·李公麟传》，《二十五史》本，卷四十四。

高，得观古器之便，更以博物精鉴的深厚学养，成为古器鉴定的权威专家。而其卓尔不群的精湛画艺，不仅开辟了文人画之先河，而且对图录学尤有殊功，使古器图录不仅成为学术之精品，亦成为艺术之杰作。今见传世器图诸本所展现的绘图方法，既非西方绘画结合三维透视技巧的素描，亦非强调韵致的丹青写意，而是借鉴了传统的工笔技巧，形成注重客观写实的白描笔法，恰为李公麟所创，使古器图录学兼具金石学考释文字与叙录学记述信息之长，又能直观、生动地反映器物形制、纹饰。宋蔡絛《铁围山丛谈》载："（李公麟）实善画，性希古，则又取生平所得，暨其闻睹者，作为图状，说其所以，而名之曰《考古图》，传流至元符间。"① 虽然李氏书画传世至稀，著述亦久已亡佚，但偶见于时人撰著的零星文献时刻传递着重要的信息，即古器图录描摹器形的笔法范式与图文并茂的著述体例皆自李公麟确立。宋翟著年《籀史》载："（李公麟）著《考古图》，每卷、每器各为图叙，其释制作、镂文、篆字、义训及所用，复总为前《序》、后《赞》，天下传之。士大夫知留意三代鼎彝之学，实始于伯时。"② 以文本语境观之，此处所称肇始于李公麟的"三代鼎彝之学"，恰应理解为图录之学。自此以降，无论官、私修撰的古器图录皆与此例一脉相承，尤以吕大临撰《考古图》体例谨严而口碑最佳。徽宗曾命王黼编修《宣和殿博古图》，是书不传。元、明两代虽新著寥寥，建树无多，而《重修宣和博

---

① 文渊阁《四库全书》本，卷五。案，蔡絛，字约之，宋权臣蔡京之季子，著《铁围山丛谈》六卷。四库馆臣评曰："记所目睹，皆较他书为详核。……其人虽不足道，以其书论之，亦说部之佳本矣。"（据中华书局影印本《四库全书总目》引）故是书载事多可信从。蔡絛主要生活年代历跨北宋末期徽、钦二朝及南宋初期高宗朝，距李公麟著述尚见流传的哲宗元符年间去时未远，有亲览李著之可能。而《宋史·艺文志》录"李公麟《古器图》一卷"，与蔡絛所记书名稍异。究竟何者为确，已无从考。

② 文渊阁《四库全书》本《籀史》。

古图》^①却屡见刊刻。图录学于清代复兴，再蒙皇室垂青，今有乾隆敕编的《西清四鉴》^②传世。

　　宋人倾注大量心血裒金辑玉，古器之学迅速风靡朝野，即使在最艰难的靖康之难时期也竭力保全所藏。李清照《金石录后续》所记搜求文物的艰辛与欢愉，是当时士子尚古之情的真实写照；所载五次痛失藏品的情形，也是对赵宋王朝风雨飘摇社会现实的历史记述。古器图录学取得官方认可的学术地位，究其要因，极思变革的历史背景与文化心理的内敛倾向，导致希冀整合社会礼法秩序的群体诉求与三代之礼建构的治世蓝图遥相契合。宋人著录器图的宗旨已明白晓畅地屡见于字里行间，吕大临所言颇具代表性："暇日论次成书，非敢以器为玩也。观其器，诵其言，形容仿佛以追三代之遗风，如见其人矣。以意逆志，或探其制作之原，以补经传之阙亡，正诸儒之谬误，天下后世之君子有意于古者，亦将有考焉。"^③即以三代之礼为标准，以补经证史为目的。且"昔人即器以寓意，即意以见礼，即礼以示戒者如此"^④，王黼此言直道出宋人对器与礼关系的理解，即寻绎器物与古礼间密不可分的文化渊源，以为现实制礼提供理论支持。清乾隆年间，天都黄晟晓峰氏亦云"由形下之器而会形上之道，庶几不失古圣人之遗意也"^⑤，切中要害地指出览器悟道为图录之旨。因此，古器图录虽于图书分类中隶属子部，但由著述主旨观之，与经学研

---

①　《重修宣和博古图》仍由宋王黼主持编修，以大观初年奉敕修撰的《宣和殿博古图》为蓝本。文渊阁《四库全书》所收是书为元武宗至大年间刻本，而今国家图书馆尚藏明刻本《至大重修宣和博古图》（三十卷），以及明万历三十一年吴万化刻本《宝古堂重修宣和博古图录》（三十卷）。

②　《西清四鉴》即清乾隆敕修《西清古鉴》（四十卷）、《西清续鉴甲编》（二十卷）、《西清续鉴乙编》（二十卷）与《宁寿鉴古》（十六卷）四种之合称。

③　文渊阁《四库全书》本《考古图·考古图记》。

④　文渊阁《四库全书》本《重修宣和博古图》，卷一"商象形饕餮鼎"条。

⑤　文渊阁《四库全书》本《考古图·重刻考古图序》。

究殊途同归，尤为礼制研究不可或缺的组成部分。

　　综上所述，图录学与法帖学、金石学、图录叙录学都是建立于前贤器物研究的基础之上，向纵深发展而形成的古器学学术分支，不是彼此孤立的学问，而是具有综合性的研究领域。夏、商、周之礼以共通性为基础而沿革损益，文化的延续性使由器寻礼颇具可行性。三代文化在传世文献中有所保留，尤以去古未远的春秋战国时期著述为重。虽然汉、宋之学解说先秦古籍多所引申发明，然无碍于文化的逐本溯源，从不同角度阐发的思想对后人理解古人的深邃哲学亦有裨益。

　　宋时所见古器，迄今多已亡佚。然，宋人得亲睹详观之幸，非今人堪比，故其定名、断限之结论，若无确凿证据，不宜擅改。近代以来，由西方引入的考古学，以科学发掘为基础，体系日趋完备。在专业化指导下重见天日的大批出土文物，为前人所未见。现代高新科技更不断推动传统学科向前发展，利用先进的照相与摄像技术拍摄的器物影像，不仅比人为手绘器图更加精准，而且可以多侧面、多角度地突出细部特征，为学术研究提供了便捷可查、信实可靠的实器资料，是古器图录学必不可少的组成部分。现代古器图录的著述建立在前人研究的丰厚基础上，更具宏阔的历史视野，承袭着宋代以来图文结合的体例，记述信息更加细致，反映着当代考古学领域取得的丰硕成果。分类刊布的古器图录更为科学，利于研究。比如，《中国青铜器全集》《周原出土青铜器》《中国陶瓷全集》《中国玉器全集》等现代刊布的古器图录，都是本书重要的参考资料与实器图像的主要来源。

二、古器图录与相关领域研究述要

　　古器图录的著录与研究需要综合的知识，古器图录学的发展需要借鉴相关领域的科研成果，现将古器图录与相关领域具有代表性的研究成果总括如下。

（一）田野考古发掘报告的刊布与器物本体研究[①]

中国近代考古学始于20世纪20年代，以完全由中国学者组成的学术机构独立进行的大规模殷墟遗址发掘为标志[②]，被誉为"中国考古学之父"的李济先生为该工作的主持者之一。李氏关于殷墟青铜器研究的主要成果及诸多远见皆荟萃于六篇专题报告之中，已收入《李济文集》第四卷，2008年上海世纪出版集团以《殷墟青铜器研究》定名结集[③]，单行出版。

容庚先生于20世纪40年代出版的《商周彝器通考》，据所见彝器，结合文献记载，将青铜器分为食器、酒器、水器（含杂器）与乐器四大类，全面审视，逐一介绍，并详加考索。"从器物的形制、花纹和铭文的流变做综合的研究，把辨伪、断代、释文、考证提高到前所未有的水平。"为青铜器研究成为独立学科奠定了坚实的理论基础。50年代，容庚先生与助手张维持先生合著的《殷周青铜器通论》堪为前著之通俗读本。[④]

马承源先生的《中国古代青铜器》、朱凤瀚先生的《古代中国青铜

---

① 器物本体研究，即指器物形制、铭文、纹饰以及发展流变情况等与器物本身直接相关的问题研究。此类研究成果丰硕，仅以本书"参考文献"部分所列相关著述为例。

② 1928年10月，中央研究院历史语言研究所下设的考古组开始对河南省安阳殷墟遗址进行正式发掘，被公认为是中国考古学史上具有划时代意义的标志性事件。

③ 是书以2006年版《李济文集》为底本，收录李济先生的六篇考古专题报告，分别是《殷墟出土青铜瓢形器之研究：花纹的比较》（1964）、《殷墟出土青铜爵形器之研究：青铜爵形器的形制、花纹与铭文》（1966）、《殷墟出土青铜斝形器之研究：青铜斝形器的形制与花纹》（1968）、《殷墟出土青铜鼎形器之研究：青铜鼎形器的形制与花纹》（1970）、《殷墟出土五十三件青铜容器之研究：殷墟发掘出土五十三件青铜容器的形制和文饰之简述及概论》（1972）以及《殷墟出土青铜礼器之总检讨》（1976）。

④ 此段及下文概述容庚先生与郭沫若先生的相关著述，参考了容庚先生的弟子曾宪通先生为《商周彝器通考》重排本所作的前言"二十世纪青铜器学的奠基之作"。

器》、李学勤先生的《中国青铜器概说》、陈佩芬先生的《夏商周青铜器研究》皆吸纳了当时新出土青铜器的研究成果。以李先登先生的《商周青铜文化》与杜廼松先生的《中国青铜器》为代表的介绍性、普及性著作，深入浅出的讲解使瑰奇的青铜重宝从神秘的旷野王陵走进寻常百姓的关注视野。马承源先生主编的《中国青铜器》（修订本）被列为文博专业的必修教程。刘彬徽先生的《楚系青铜器研究》为研究区域性青铜文化的力著。岳洪彬先生的博士学位论文《殷墟青铜礼器研究》梳理了殷墟青铜礼器的发掘与研究历程，并与周边青铜文化出土器物进行比较研究，分析了殷墟青铜礼器在青铜文化区域格局中的地位与作用。①

（二）金文研究的新进展

20世纪20年代，容庚先生出版的《金文编》是专收金文的大型字书，在材料、体例与编纂方法上皆有创新突破。30年代，郭沫若先生的《两周金文辞大系》结合金文勘考，首创"标准器系联法"。容、郭二著是金文研究史上的里程碑。

唐兰先生的《西周青铜器铭文分代史征》以君王世系为次，以文献证史，与金文记述比勘精研，是青铜器断代研究之力著。陈梦家先生的《西周铜器断代》在金文考释的基础上，对器名与用制的勘定建树尤多。张懋镕先生的《古文字与青铜器论集》、王辉先生的《商周金文》亦多新见。张亚初先生与刘雨先生合著的《西周金文官制研究》是由器物铭文考释职官制度的专题研究。

（三）夏、商、周青铜文化与三代社会形态的史学研究

上海人民出版社出版的"中国断代史系列"丛书中，王玉哲先生

---

① 关于《殷墟青铜礼器研究》的概述参考了该书的"内容提要"。

的《中华远古史》、胡厚宣先生与其子胡振宇先生的《殷商史》以及杨宽先生的《西周史》是对上古、三代历史的细致梳理与考证。李伯谦先生的《中国青铜文化结构体系研究》从起源、分期、分区、谱系演变以及相互关系等方面综合论述，勾勒出中国古代青铜文化结构的体系框架。李朝远先生《青铜器学步集》的多篇论文由器物考释涉及礼器用制。李先登先生的《夏商周青铜文明探研》以中国古代文明起源、青铜器起源以及文字起源为纲，分三部分展开论述，并吸纳新发现的器物资料及新近研究成果。朱凤瀚先生的《商周家族形态研究》是首部系统、深入论述中国上古家族形态的专著。巴新生先生的《西周伦理形态研究》从伦理学角度研究西周社会形态。江林昌先生的《中国上古文明考论》与《楚辞与上古历史文化研究》是结合三代断代工程研究成果的史学研究著作。

（四）古器图录学研究成果

周延良先生《宋代古器图录学的社会文化背景》[①]一文，从文化发展史的角度界定古器图录学，阐发古器图录的历史意义，厘清现代考古学与古代器物学、图录学之间的借鉴、发展关系，并基于翔实的文献考据，勾勒出图录学的发展脉络，阐释了古器与图录在文化传承过程中的作用，详细论述了北宋朝野搜求古器、著述图录的社会原因与文化背景，以及古器学兴盛的历史意义与学术研究价值。

（五）青铜器纹饰学研究成果

关于青铜器纹饰研究，历年均有研究成果刊布。段勇先生撰著的《商周青铜器幻想动物纹研究》[②]一书所用的研究方法堪为同类著述之代表。该书主要是对古器物纹饰形态进行研究，属于考古学范畴。而纹

---

① 周延良. 宋代古器图录学的社会文化背景 [J]. 古籍整理研究学刊，2009，2.
② 段勇. 商周青铜器幻想动物纹研究 [M]. 上海：上海古籍出版社，2012（1）.

饰内在的文化含义不是此类研究的重点。

（六）青铜器研究的外文著述

青铜器研究乃国际学术研究的显学之一，中国青铜文化是不可或缺的组成部分与至关重要的研究领域。以李学勤先生《中国青铜器的奥秘》（英文版）[①]为代表的中国学者著述之外文版是推介中国青铜文化研究的有效途径。而论及外国学者研究中国青铜礼器的学术著作则必须提及杰西卡·罗森女士享有盛誉的《阿瑟·赛克勒藏品之西周青铜礼器》[②]与《阿瑟·赛克勒藏品之东周青铜礼器》[③]，这两部著作已被列为文博专业的重要参考书目。

（七）现代传媒对古器研究的大力推介

网络与电视等大众传媒在推广普及文博基础知识、及时报道最新科研动态、发布学术信息等方面功不可没。现代传媒不仅为学术研究留下了可资回顾的历史影像资料，而且迅速、有效地扩大了受众群体，尤其是现场直播考古发掘的全程进展，使观众能够在第一时间与现场专家共同探秘尘封的历史。现代刊布的古器图录，如前文所述，正是高新科技与传统学科结合的产物。众多学术期刊，如《中国历史文物》《文物》《文史》《中原文物》《文博》等，皆为古史与器物研究提供了学术交流的平台。

---

① Li Xueqin. *Chinese Bronzes A General Introduction*, Foreign Languages Press, 2007.

② Jessica Rawson. *Western Zhou Ritual Bronzes from the Arthur M.Sackler Collections.* Havard University Press,1990. 两部著作的中文名称为笔者所译。

③ Jessica Rawson. *Eestern Zhou Ritual Bronzes from the Arthur M.Sackler Collections.* Havard University Press,1990.

三、选题意义

古器图录的体例自宋确立，其内容以存录三代古器为主体，虽然载器久已亡佚，但其相应文化类型的代表器皆与现代考古发现之古器遗存相吻合。古器图录所著录的器物信息，主要包括摹绘器物形制与纹饰，记述器物的出土地或保藏处，以及度、量、衡数据，但计量的标准因朝代的不同而不同。迄今为止，古器图录研究主要涉及制器年代断限、铭文释读以及器物用途的阐释。通过前文第一小节对古器图录发展源流的梳理，不难发现以记述北宋古器为代表的图录著作，无论是对器物的描绘，还是宋人的解说，都是对上古及三代文化的传承，既是上古哲学思想的实物载体，又是三代礼制的实器见证，其丰富的文化内涵极具综合性。因此，作为器物研究的组成部分，古器图录是联系传世文献与现代考古的重要纽带。

西周时期是礼制社会，礼既是治国的主导思想，也是时人的言行准则。西周所确立的礼乐文明政治形态是在漫长的文化积淀基础上形成的，周公制礼作乐是对上古迄商周文化的整合。因此，西周前期是礼制文化的形成时期，而上古文化哲学才是西周礼制的根源。因器求礼，不仅是图录学创始之初衷，包蕴着古人整肃现实社会秩序的希冀，而且也是探求商周礼制文化的科学方法。古器图录作为器物的文本载体，是研究商周礼制文化的切入点，具有很高的学术研究价值。

林林总总的研究著述卷帙浩繁，前文第二小节所列举诸作不过是管窥蠡测的沧海一粟。古往今来，经史研究著述甚丰，却少与科学考古相关，尤其缺乏与实器相连的文化解读。近代以来，考古报告屡见刊布，却多以经史文献作为考核事件、器名、断代之佐证。而相关领域的研究亦各有司主，如传统金石学已归并文字学研究范畴，书学已隶于艺术史框架之中，皆迥异于文化史的研究。因此，文献与考古研究多呈疏离之状。文献学、考古学、历史学的关照视域与研究方法既相互交叉，又判然有别，而文化史研究又是单一学科无法完成的重任，迫切需要不同学科互相配合。目前，以文献为依托，以考古为佐证的文化史研究相对薄弱，而古器图录的研究更是少人问津，迄今尚未引起广泛的关注。深入发掘古器图录的研究价值，进而加深对商周礼制文化的理解，正是本书的选题意义所在。

四、研究重点

基于当前对古器图录的学术价值认识不足及研究相对薄弱的情况，笔者以"古器图录与商周礼制文化研究"作为学位论文题目，不是面面俱到地研究青铜文化，而是重在探讨古器图录研究过程中所发现的问题。

本书以北宋《考古图》与《宣和博古图》所载商周古器为重点研究对象，秦汉迄唐器物不在本论题研究范围之内。本书以文渊阁《四库全书》所收吕大临编撰的《考古图》与王黼编撰的《重修宣和博古图》作为底本。前者为古器图录发凡起例之作，后者收录器物之广博远超前著，两者悉为后世图录之范本，古器图录之经典。就历史发展阶段而言，北宋处于中古时期，著述较多地沿袭汉唐传统，并保留了诸多上古哲学思想及三代礼制文化信息。这两部今天所称的古籍皆为北宋时人探求三代之礼的产物，体例与内容极具代表性。清乾隆朝编修的《四库全书》收书宏富，文渊阁保藏较好，两著皆为足本，且为现存最早的古器图录，适合作为校勘、研究的底本。

本书结合文献考证，发掘器物内含的文化信息。每章都紧紧围绕图录载器的一个文化主题，梳理《考古图》与《宣和博古图》中的相关器物。笔者所附案语是该著不可或缺的组成部分，其作用主要体现在以下三个方面。其一，依据现代考古学术语描述器形，这是使古代图录进入现代考古学与文化学研究的基础工作，是沟通古今古器学的重要环节；使现代读者面对传世古器图录不至于太过隔膜、生疏，即便在没有见到器图的情况下，也可以清晰地掌握器物的主要特征，勾勒出器物的大致轮廓。其二，查核《考古图》与《宣和博古图》相关器物所涉及的重要文献，尤以先秦典籍与宋人著述最为重要，既为读者省去检索之力，以为研究之便，也是文化分析的有力支持。案语中所分析的某些文化现象在后文论述中并未涉及，虽然这部分内容比重不大，并具有一定的独立性，却也从另一个侧面反映了器物文化内涵的丰富性。其三，结合文献的查核及参照古器遗存，本书对相关史料进行了分析，对这两部文献的文字也做了必要的校勘，皆附于页下注释。

文化研究是本书的重点。所用文献主要以传世古籍作为依据，即以先秦典籍、汉唐注疏以及宋人著述等作为主要参考，兼涉明清文献。既援引为据，亦详做辨析。古器图录的现代研究，论著寥寥。至于相关领域的研究成果，如需参考的文献也已注于页下，不再赘述。本书尤以纹饰、器物形制与类别作为切入点，研究图录所载古器与上古文化、哲学思想以及三代礼制之间的关系。这既是本书研究的主导思想，也是各章行文的主体结构。

古器图录与礼制文化研究是极具学术价值的课题，囿于时间之限，试做阐释而未能尽善，日后定当勉力为之。笔者深愧才疏学浅，唯盼拙作能够抛砖引玉，引起更多学者对古器图录学的关注，并于文化研究有所补益，所论所言定多舛谬，以期方家指正。

第二章　饕餮纹文化意义考源

导言

平面动物纹与动物立体造型是青铜器上最富生命气息的装饰。根据不同的形象来源，宏观上可以分为源于想象的动物纹饰与源于现实的动物纹饰两大类型。前者以饕餮纹、龙纹及其变体以及凤鸟纹饰系列为代表；后者以犀、象、虎及日常习见的牛、羊、鹿等动物为原型而设计的纹饰为代表。

饕餮纹即以线条勾勒出怪兽面部形象的正视图像，是一类特殊的动物纹。综观商周青铜器上的饕餮纹，除以圆凸的兽目作为代表性标志而没有太大变化之外，其表现形式多种多样。北宋古器图录所载器物没有重复的饕餮纹，迄今可见的古器遗存，同样证明了饕餮纹构图的多样性。仅就纹饰铸刻而言，饕餮纹的独特之处，在与其他动物纹的比照中，显得尤为突出，主要归结为以下两个方面。一方面，纹饰铸刻风格不同。即便同样源于想象，饕餮纹与龙、凤系列纹饰也存在着显著的差异。龙、凤形象与世渐变且愈加具体，刻画笔法也渐趋细腻、丰满。虽然饕餮纹的刻画技法也日益精湛，注重细部的雕琢，但形象整体构图与直观效果，始终保持着抽象的风格。另一方面，兽体表现部位不同。饕餮纹没有具体的兽身，只是兽头的正面形象，而其他动物纹虽然也存在使用兽体局部作为装饰的情况，比如羊首、牛首、虎首的平面纹饰及立体造型，但以完整的兽身全体作为器物装饰的情况亦十分普遍。

现代学者认为"兽面纹旧称饕餮纹"[①]，二者所指为同一纹饰。然而，此说并不准确，通过对北宋以降青铜器纹饰研究，做学术史的考察，即会发现对"兽面纹"与"饕餮纹"概念的界定以及二者关系的理解，实际上存在着古今差异，需先做辨析。

首先，追溯纹饰名称的由来，"兽面纹"之称北宋即有，非今人所创，但宋人所论之"兽面纹"并不仅指"饕餮纹"，即二者概念并不等同。后文将援引相关的宋代文献，其中即有大量的直接证据，此处从略。其次，宋人指称的"兽面纹"具有较为宽泛的外延含义，主要包含了两类纹饰：一类是纹样明确的抽象饕餮纹，另一类是其他无法确切定名的动物头部形象，此类纹饰铸刻手法虽然具体、写实，但其形象并不源于现实，姑且称之为"具象兽首纹饰"。饕餮纹之所以能够成为兽面纹中一个专门的类别，它的特殊性恰在于鲜明的抽象性特点，这也正是饕餮纹与具象兽首纹饰最显著的区别。虽然二者形象皆源于想象，但以总体铸刻风格观之，饕餮纹抽象、夸张，与后者迥异。最后，在对"兽面纹"与"饕餮纹"关系的理解上，宋人从纹饰类属角度出发，认为二者是包含关系，即饕餮纹是兽面纹的组成部分。现代学者则多从纹饰构图角度出发，认为"实际上这类纹饰是各种各样动物或幻想中的物象头部正视的图案。……兽面纹这个名词比饕餮纹为胜，因为它指出了这种纹饰的构图形式"[②]，比"饕餮纹"更具包容性，更能体现

---

① 马承源.中国青铜器（修订本）[M].上海：上海古籍出版社，2003（1）：316.

② 同上。

出兽面纹构成元素的多样性与综合性，于是以"兽面纹"代替"饕餮纹"，广为应用。现代研究中普遍存在以"兽面纹"等同于"饕餮纹"的情况即由此而来。通过以上对比分析，可以论定，古今学者在对"兽面纹"与"饕餮纹"的界定标准、纹饰内涵及概念外延的理解与阐发上皆存在差异。鉴于宋代古器图录是本书研究的重要内容，故依其旧说，仅以传统"饕餮纹"所涵盖纹饰作为研究对象。

对饕餮纹的进一步研究具有重要意义：

其一，饕餮纹作为商周青铜器上的常见纹饰，早已进入学者的研究视野，其不仅是青铜器研究的重要内容，而且是青铜器纹饰研究学术史的重要组成部分。《考古图》虽然载器有限，所录饕餮纹仅见于鼎、鬲、卣三类器物之上，却已反映出饕餮纹主要应用于食器、酒器的特点。《宣和博古图》载器丰富，倍于前者，首卷专载商鼎二十六器，以饕餮纹为饰者已占半数，如果说饕餮纹是体现商代鼎彝主导风格的代表性纹饰，则毫不为过。

其二，饕餮纹形态的发展，为研究商周时期社会审美风尚与时代精神的嬗变提供了有力的实物证据，并直接影响着兽首纹饰的形成。以《中国青铜器全集》所载古器遗存为例，使用饕餮纹的商器比例远高于西周礼器，饕餮纹在商器中所处的位置更为明显、突出，于器身上所占面积的比例也更大。现代研究已经可以清晰地勾勒出青铜器上饕餮纹的发展轨迹：饕餮纹的使用贯穿于商代始终，商代晚期至西周早期最为发达，此时是饕餮纹的盛行时期；西周康王以后锐减，恭穆之后变形饕餮纹即蜕化的饕餮纹出现；西周中、晚期愈加蜕化变形，此时的饕餮纹已与商代主流的饕餮纹形象明显不同，作为主体纹饰的情况亦大大减少，此后则罕见使用①。商周时代主流政治思想与社会集体审美旨趣的渐变，则是促成纹饰风格发生变化的根本原因。

前文已论，宋人指称的兽面纹包含了抽象的饕餮纹与具象兽首纹饰两个类型。然而，并不排除两者存在着发展嬗变的因果关系。饕餮纹的雏形在原始礼玉上已经出现，其形成时期远远早于后世的兽首纹饰，兽首衔环的样式更是后起的造型。从形象生成角度上说，具象兽首纹饰是在饕餮纹的影响下形成，即提取诸多饕餮纹形象的共性，综合、凝练为具体的兽首形象，是对抽象饕餮纹的另一种变形发展，而这也正是具象兽首纹饰无法找到现实对应物的根源所在。时至今日，饕餮纹的装饰作用早已不复存在，而由具象兽首纹饰演化而来的诸多兽首造型却仍见使用，比如青铜器上习见的兽首衔环即是后世门铺首的前身。虽然具象兽首纹饰与饕餮纹关系密切，在宋代器图的摹画中亦多有近似之处，但铸刻手法、表现风格，与商周饕餮纹毕竟有别，故不隶于本书研究范围。

其三，对饕餮纹文化意义的研究尚存需要深入探讨的空间。宋人对饕餮纹命名、归类的情况堪为佐证，无论是纹饰发展的历史，还是学术研究的历史，饕餮纹都是与上古文化关系最为密切的纹饰之一，其文化内涵的形成经历了漫长的演进史。然而，饕餮纹与上古史之间究竟有何渊源，纹饰具体传承着哪些上古文化信息；"饕餮"之名如何与青铜器上的纹饰建立了所指关系；庄严的礼器为何要大量铸刻如此狰狞的形象，并一度盛行；在意义确立的过程中，饕餮纹的寓意发挥着怎样的现实作用。凡此诸多问题，都需要在结合文献与考古的基础上，再做细致的研究。厘清饕餮纹与上古文化的源流关系，系统地考证饕餮纹文化意义生成、确立的过程，是本章研究的重点。

---

① 马承源．中国青铜器（修订本）[M]．上海：上海古籍出版社，2003（1）：参见"兽面纹类"等相关章节。

一、北宋古器图录中饕餮纹所饰器物综览

通过对器物名称、纹饰表现及图像清晰程度，与所附文字训释三个方面的综合考察，并以宋薛尚功著《历代钟鼎彝器款识法帖》与清代《西清古鉴》为参考，以《中国青铜器全集》所载古器遗存为考古实物佐证详加比勘，本章将《考古图》与《宣和博古图》中凡饰有饕餮纹的器物划分为以下六个类型进行分析。

（一）器物以"饕餮"命名，图像清晰，所附训释确证为饕餮纹

1.《考古图》中仅"直耳饕餮鼎"一器隶于此类

直耳饕餮鼎（新平张氏）

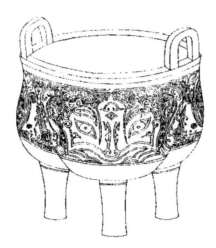

右所从得及度量皆未考，无铭识。鼎腹有饕餮象，文皆隐出。（卷一）

【案】此器为立耳鬲腹柱足式分裆鼎，双耳，三足。饕餮纹饰于器腹，为全器最突出的主题纹饰。"文皆隐出"可知纹饰使用了线条略微凸起的阳文铸刻方法。古代器图说明纹饰具体铸刻方法的文字并不多见，此器即为其一。对于此器的铸造与行用时期，吕氏未做判断。此

器纹饰与《宣和博古图》所载"商立戈父甲鼎"颇相似，但形制为分
裆鼎，与"商父乙鼎""商若癸鼎"属于一类。与现代出土的古器实物
相比勘，此器的外观形制与纹饰气韵，皆与商鼎相合。饕餮纹广泛应
用于商周礼器，在商鼎上尤为常见，不再逐一列举。

　　2.《宣和博古图》中相关文献二十一则，涉及器物共计二十七件

　　（1）商象形饕餮鼎

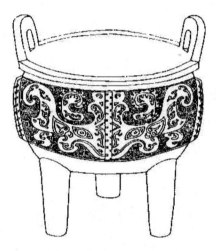

　　右高五寸七分，耳高一寸七分，阔一寸五分，深三寸四分，
口径五寸五分，腹径五寸四分，容二升三合，重三斤九两，三
足，铭一字。按，此鼎款识纯古，仿佛饕餮之形，后人观象立
名，故取为号。至周监二代，文物大备。凡为鼎者，悉以此为
饰，遂使《吕氏春秋》独谓"周鼎著饕餮"，而不知其原实启于
古也。按，《春秋》宣公三年，王孙满对楚子问鼎之语，曰："昔，
夏之方有德也，远方图物，贡金九牧，铸鼎象物，故民入川泽
山林，不逢不若，魑魅魍魉，莫能逢之。"则商之为法亦基于夏
而已，周实继商，故亦有之耳。昔人即器以寓意，即意以见礼，
即礼以示戒者如此。（卷一）

【案】此器为立耳直口宽体粗柱足式圆鼎，双耳，三足，腹饰扉棱，饕餮纹为器身上所占比例最大的显著纹饰。此器饕餮纹形貌虽然极尽夸张，但整体风格不若"直耳饕餮鼎"狞厉。《考古图》亦载此器，名为"饕餮鼎"，器图与《宣和博古图》所绘完全一致，不仅皆判为商器，而且细致密集的雷纹地更加清晰可辨，二者确为一器。虽然《考古图》对其纹饰未做任何解说，但记述了该器的出土地点，并对一字铭文有所考证，原文如下：

饕餮鼎（邺郡窦氏）：

　　右得于邺郡漳河之滨。高五寸有半，深三寸四分，径四寸有半，容二升一合，铭一字。按，鼎铭一字，奇古不可识，亦商器也。愚谓铭字疑作"戊"，盖"乙鼎""庚鼎"之属。（卷一）

王黼引述《左传》王孙满之语，意在表明饕餮纹已见于夏鼎。"商之为法亦基于夏而已，周实继商"，不仅指出了纹饰的传承性，而且也体现出夏、商、周礼制的沿革关系。王氏所阐述的"铸鼎象物"意义更堪为经典之论，"昔人即器以寓意，即意以见礼，即礼以示戒者如此"的观点是因器求礼的思想基础，代表着宋代学者的集体认识，反映出宋人追慕三代之礼，以利于整肃社会秩序的时代期冀。

薛尚功《历代钟鼎彝器款识法帖》对此"饕餮鼎"亦有训释：

　　《博古录》云："此鼎款识纯古，仿佛饕餮之形，后人观象立名，故取以为号。至周监二代，文物大备。凡为鼎者，悉以此为饰，遂使《吕氏春秋》独谓'周鼎著饕餮'，而不知其原实启于古也。"《春秋左氏传》曰："缙云氏有不才子，贪于饮食，冒

于货贿，天下之人谓之饕餮。古者，铸鼎象物以知神奸。鼎有

此象，盖示饮食之戒"云。（卷一）

薛著在王氏论述的基础上，援引《左传》文献旨在探究饕餮纹的文化渊源，王黼与薛尚功皆认为《吕氏春秋》的记载不是饕餮纹的文化源头，"其原实启于古"的观点颇有见地。王氏论证了饕餮纹铸之鼎彝的时间在夏禹之世，而薛氏并未止步于此，认为"饕餮"之名应源于上古，并进一步指出鼎彝铸刻饕餮纹的现实意义即"饮食之戒"。《西清古鉴》所载"商饕餮鼎"与此器同铭[1]。

现存河南安阳大司空南663号墓出土的"兽面纹鼎"、郭家庄西一号墓出土的"兽面纹鼎"以及上海博物馆藏"刘鼎"，皆为商代晚期制器，均以饕餮纹作为满饰器腹的主要纹饰，以雷纹为衬底，以扉棱为兽鼻。外观形制、纹饰构图与宋代古器图录所绘之"商象形饕餮鼎"极为相似。

（2）周饕餮鼎

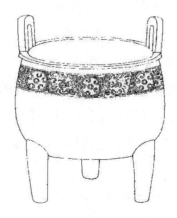

---

[1] 《西清古鉴》卷一载"商饕餮鼎"云："《博古图》载'商象形饕餮鼎'铭字同。"（据文渊阁《四库全书》本引。）

右高八寸九分，耳高一寸八分，阔二寸三分，深五寸九分，口径八寸一分，腹径九寸一分，容一斗一升有半，重九斤四两，三足，无铭。素耳，直足，不设文饰，纯缘作雷篆，间以饕餮之状。虽无款识以稽考世次，盖周初器也，犹有商之遗风焉。

（卷四）

【案】此器为立耳深腹柱足式圆鼎，纯缘下的纹饰带以圆形火纹与饕餮纹相间隔。火纹居中，把饕餮纹的兽面平分为对称的两部分，以雷纹为地。器身其余部分皆素面。王黼注意到周初之器尚存商代遗风，体现出纹饰风格发展渐变的特点，是符合实际情况的客观论述。《西清古鉴》虽以《宣和博古图》为蓝本，旨在收录清皇室保藏之器，而卷五所载"周饕餮鼎"十五器，确于器腹饰饕餮纹，然其形制、纹饰皆与宋代器图所载有别，故不与此"周饕餮鼎"类比。

（3）周圆腹饕餮鼎

右高六寸三分，耳高一寸六分，阔一寸五分，深三寸九分，口径五寸八分，腹径五寸三分，容三升有半，重五斤一两，三足，无铭。鼎之为此象者，多矣！往往底分若鬲，而惟此作圆腹状，且腹著饕餮，加以夔龙，颇近类"商公非鼎"，岂周人取

法于此耶？（卷四）

【案】此器为立耳深腹柱足式圆鼎，器腹饰长短两段纵向扉棱，纯缘下的短扉棱与夔龙纹带等宽，饕餮纹为器腹上的最主要纹饰，长扉棱与之等宽。夔龙纹与饕餮纹是常见的搭配组合，都有戒贪之意，二者连用，旨在强化寓意。除形制圆、方之异以外，此器纹饰布局与"周单父乙鼎"相同，是此种构图方式在商周之际圆鼎上的体现。现存河南安阳苗圃南地47号墓出土的"亢己鼎"、戚家庄东269号墓出土的"爰鼎"，上海博物馆藏"羍鼎""兽面纹鼎"与"史鼎"，以及美国哈佛大学艺术博物馆藏"鸢鼎"，皆为商代晚期制器，虽然形制不完全一致，但纹饰构图与"周圆腹饕餮鼎"颇为相似。

（4）周盘云饕餮鼎

右高一尺五寸四分，耳高四寸七分，阔五寸一分，深八寸六分，口径一尺二寸四分，腹径一尺三寸五分，容四斗八升，重三十六斤一十两，三足，无铭。两耳与腹皆素，纯缘之下，饰三饕餮，有鼻屹然，而起间作云气盘郁之象，大概与"周兽

缘素腹鼎"相类。盖彝器著云者颇多，然，其状各随其巧思，
或为旋云，或为垂云，或为盘云。要之，莫不有施泽之意焉。
（卷四）

【案】此器为立耳垂腹兽蹄足式圆鼎，双耳，三足，有扉棱，纯缘
之下饰饕餮纹带，以雷纹为衬底。鼎彝上的云雷纹常取雨露滋养的寓
意，即作"施泽"之解，而过度的滋养则易诱发贪欲，故铸饕餮纹，
以戒贪的寓意加以节制。然而，滋养与节制又是相辅相成的关系，节
制不等同于严刑酷法，施泽象征着仁德。下引"周饕餮壶尊"的文献
可以为证，即"不独示其有节止，而又明其施泽之及时也"。因此，饕
餮纹与云雷纹系列的纹饰组合，质言之，强调的是行为适度的原则与
恩威并施的政治思想。

（5）周素饕餮鼎

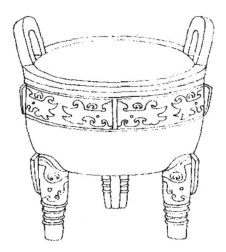

右高一尺二寸九分，耳高二寸八分，阔三寸五分，深八寸，
口径一尺一寸四分，腹径一尺一寸六分，容三斗，重三十五
斤，三足，无铭。制作浑厚，然，略无华藻。腹间饰以饕餮循
环，又间作回顾状。至三足，则各为蟠夔，以角戴其器，盖取

象"羊豕鼎"也，但"羊豕鼎"有首、有足，而此足特作蟠夔耳。
（卷四）

【案】此器为立耳宽体柱足式圆鼎，纯缘下饰饕餮纹带，双耳，三足，纯缘下与柱足上有短扉棱。

（6）周饕餮大尊

右高二尺三寸，深一尺八寸一分，口径一尺九寸八分，腹径一尺二寸九分，足径一尺一寸二分，容七斗四升有半，重四十七斤，无铭。纯缘皆素，腹、足饰以饕餮，间之雷纹。考古大尊，以陶瓦成形，犹登之用瓦也。登变制以铜，而见于世者时有焉，尊或如之。今是尊特大，而其质则铜，固宜为"大尊"。"大"以名其体，而不言所饰之物。盖若"壶尊""著尊"之类，异乎名之"牺""象"者矣。（卷七）

【案】此器为甚高体大口折肩式尊，器腹与高圈足上皆饰饕餮纹。王氏指出青铜尊是在上古陶尊型模的基础上发展而来的，并阐明了宋人为器物命名的两种方式。一是以形制命名，器物造型与容积大小即为重要参考，如"大尊""壶尊""著尊"即为此类；一是以纹饰命名，如"牺尊""象尊"等。现存安徽阜南月牙河出土的"兽面纹尊"为商代中期制器，与《宣和博古图》所载之"周饕餮大尊"形制、纹饰颇为相似。

（7）周饕餮壶尊

右高九寸，深七寸四分，口径五寸二分，腹径八寸二分，容八升三合，重六斤十有二两，无铭。尊作壶形，盖上尊曰彝，中尊曰卣，下尊曰壶。是器，必下尊也。其脰饰饕餮，腹著风云，不独示其有节止，而又明其施泽之及时也。（卷七）

【案】此器为侈口折肩式尊。王氏记此器"脰饰饕餮，腹著风云"，与器图不符。脰，指器物颈肩处，上接器口，下连器腹。依器图所绘，此器束颈处饰三道弦纹，肩饰云纹，腹饰饕餮纹，王氏记述恐有误。

《周礼·司尊彝》中载有关"壶尊"的用制："秋尝冬烝，裸用斝彝、黄彝，皆有舟；其朝献用两著尊，其馈献用两壶尊，皆有罍，诸臣之所昨也。"[1]郑玄引郑众注："壶者，以壶为尊。《春秋传》曰：'尊以

---

① 《十三经注疏·周礼注疏》，卷二十。郑玄注："昨，读为酢，字之误也。"

鲁壶。'"①贾公彦《疏》："云《春秋传》者，昭十五年，《左传》云：'六月乙丑，王太子寿卒。秋八月戊寅，王穆后崩。十二月，晋荀跞如周，葬穆后，籍谈为介。以文伯宴，尊以鲁壶'是其义也。引之者，证壶是祭祀酒尊。"②上述文献或许即为"壶尊"之称的由来。王氏案："尊作壶形，盖上尊曰彝，中尊曰卣，下尊曰壶。"器物本身体现着尊卑等级的差别，《尔雅·释器》关于彝、卣、罍三器关系的论述，王氏论壶为"下尊"，其用意可比照罍来理解。

彝、卣、罍，器也。[注：皆盛酒尊，彝其总名。]③小罍谓之坎。[注：罍，形似壶，大者受一斛。疏：别酒尊大小之异名也。彝其总名。彝者，法也，与诸尊为法。《司尊彝》云"鸡彝、鸟彝、斝彝、黄彝、虎彝、蜼彝"是也。卣者，下云"卣，中尊也"。孙炎云："尊彝为上，罍为下，卣居中。"郭云"不大不小者，是在罍、彝之间，即《周礼》牺、象、壶、著、大山等六尊"是也。罍者，尊之大者也，即《周礼·司尊彝》云"皆有罍，诸臣之所酢"是也。案《礼图》云"六彝为上，受三斗；六尊为中，受五斗；六罍为下，受一斗"，故《异义·罍制》："《韩诗说》：'金罍，大夫器也。天子以玉，诸侯、大夫皆以金，士以梓。'《毛诗说》：'金罍，酒器也。诸臣之所酢，人君以黄金饰尊，大一硕，金饰龟目，盖刻为云雷之象。'"谨案：《韩诗说》"天子以玉"，经无明文。谓之罍者，取象云雷，博施如人君，下及诸臣。又《司尊彝》云："皆有罍，诸臣之所酢。"注

---

① 《十三经注疏·周礼注疏》，卷二十。

② 同上。

③ 方括号内为晋郭璞注，宋邢昺疏。

云"罍亦刻而画之，为山云之形"，言刻画则用木矣。故《礼图》
依制度云"刻木为之"，《韩说》言"士以梓""士无饰"，言其
木体，则以上同用梓而加饰耳。《毛诗》言"大一硕"，《礼图》
亦云"大一斛"，则大小之制，尊卑同也。虽尊卑饰异，皆得画
云雷之形，以其云罍取于云雷故也。是彝、卣、罍三者，皆为
盛酒器也。其罍之小者，别名"坎"。]（《十三经注疏·尔雅注
疏》，卷五）

《考古图》卷四载一"壶尊"，与此器形制全然不同。现存河南郾城拦
河潘出土的其中一件"兽面纹罍"与陕西城固龙头镇出土的其中两件
"兽面纹罍"，皆为商代中期制器，虽名为"罍"，但与此"周饕餮壶尊"
形制、纹饰颇为相似。罍腹饰饕餮纹的情况十分普遍，此器的纹饰布
局也确是罍的常见形态。

（8）周三兽饕餮尊

右高九寸八分，深七寸七分，口径六寸八分，腹径一尺二
寸一分，容二斗二升，重十有五斤，无铭。其形如瓿而小异，
脰上有鼻，作饕餮状，周身悉被饕餮之饰，与雷纹相间错，土

花渍染，铜色苍翠如瑟瑟，纹镂华好。观其制作之妙，非周莫能至也。（卷七）

【案】此器为敛口广肩宽腹式瓴，肩、腹、圈足皆起扉棱。瓴是容酒或水浆的礼器，器腹饰饕餮纹的情况较为普遍。现存江西新干大洋洲出土的"四羊首瓴"与湖北黄陂鲁台镇出土的"兽面纹瓴"，皆为商代晚期制器，纹饰布局与此"周三兽饕餮尊"颇多相似。

（9）周饕餮尊

兽面纹尊（商代早期）

　　右高八寸，深六寸六分，口径五寸八分，腹径七寸，容七升二合，重三斤十有一两，无铭。是器，纯缘与足皆无文饰，特三面状以饕餮，且若鼎、若爵、若罍、若甗、若瓴之类，莫不有饕餮之形，皆所以示其戒。故至于尊，亦然也。（卷七）

【案】此器为折肩式尊。依照不同用途，器物可以划分为食器、酒器、水器、乐器、兵器及生活日用杂器六大类别。饕餮纹在食器、酒器上大量应用，使用频率远远高于其他用器，这为宋人提出饕餮纹为"饮食之戒"提供了实物依据。此器是尊纹饰布局的基本样式，自商代早期既已定型，遗存古器颇多。在此仅举河南偃师塔庄出土的商早期

"兽面纹尊"（如上右图）为例，以供参考。

（10）周饕餮彝

右高五寸七分，深四寸一分，口径七寸四分，腹径六寸六

分，容四升八合，重四斤十有四两，无铭。是器，彝也。纯缘

之下，以饕餮为饰。饕餮之间，作细雷纹。腹、足纯素，不加

琢镂。寔周初物耳。（卷八）

【案】此器为宽折缘深腹高圈足无耳式簋，除纯缘下饰饕餮纹带外，器身皆素。在由宋迄清的古器图录中，将簋混归彝、敦之属的情况较为普遍，此器即为一例。

（11）周饕餮卣

右通盖高九寸三分，深五寸六分，口径长三寸六分，阔三寸三分，腹径长六寸七分，阔五寸八分，容四升一合，共重八斤四两，两耳，有提梁，无铭。是器，饰以饕餮之状。夫古之彝器，未有不形诸饕餮者，每以示饮食之戒。而此卣乃祀神之器，而亦复饰此者，以人道而事神故也。盖郁合鬯臭所以求神于幽，其用之序，盛之则有卣，受之则有彝，裸之则有瓒。于是，彝器亦有象饕餮者，其义可以类举也。（卷十一）

【案】此器为扁圆体斜肩垂腹纵向提梁式卣，有盖，提梁两端饰兽首，器腹主体所饰的饕餮纹形象极具代表性。无论礼神，还是祭祖，礼仪过程都是人为制定的规范，祭祀"以人道而事神"无疑是正确的，但以此阐释饕餮纹与礼器建立联系的基础则稍显牵强。此论断反映出宋人也在努力探讨于祀神礼器上出现狰狞形象的本质原因。《西清古鉴》载"周饕餮卣"五器，除第五器无提梁之外，其余四器均为横向提梁卣，虽然形制悉与宋代器图之同名卣有别，但器身皆饰饕餮纹。

（12）周饕餮方壶

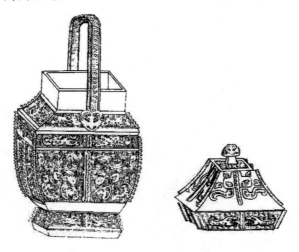

右通盖高一尺六分，深六寸七分，口径二寸一分，腹径八

寸八分，容四升，共重六斤一两，有提梁，无铭。古者，用壶亚于尊、彝。虽为用则一，而其制则有方圆之异。此方壶者，盖燕礼与大射，卿大夫所用器也。以其卿大夫，臣子所用之器，故示以直方之理。观其形制若卣，而周身为饕餮，间以云雷，必周之器也。（卷十二）

【案】此器为高体宽肩式提梁方卣，有盖，如王氏案"周身为饕餮，间以云雷"，而尤以器腹的饕餮纹最为明显。"以其卿大夫，臣子所用之器，故示以直方之理"，并非宋人的发挥性解说，而是建立在壶的见用场合以及燕礼与大射礼的教化意义之上，做出的合理阐释。

（13）周饕餮斝

兽面纹斝（商代中期）　　　兽面纹斝（商代中期）

右高八寸五分，深四寸，口径四寸七分，容一升一合，重二斤一两，两柱，三足，有鋬，无铭。两柱，三戈足，素鋬，三面为饕餮之形。纹镂简古，虽若不加精巧，而后世极冶铸之工不能到。盖礼文至周为盛，而夏、商之余风未殄也。（卷十五）

【案】此器为侈口长颈分段锥足式斝，有柱有鋬，腹饰饕餮纹。无论是盛酒器，还是饮酒器，都是铸刻饕餮纹的大宗礼器。《西清古鉴》载同名三器，形制与宋代器图所载"周饕餮斝"有别。斝的形制自商即定型，并有多种形态，器腹饰饕餮纹是商周斝的主要特征之一，仅以上海博物馆藏两件商中期"兽面纹斝"（如上右两幅实器图）为例。前者形制、纹饰与《宣和博古图》所载此"周饕餮斝"颇多相似，后者形制精巧，饕餮纹更具特色。

（14）周四山饕餮觚

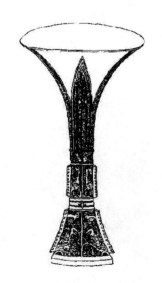

　　右高九寸九分，深六寸七分，口径五寸四分，容八合，重一斤五两，无铭。是器，纯缘之外，拱以四山，而两面则为饕餮，间以雷纹，中又为四夔。夫深山大泽实生龙蛇，则是宜饕餮、螭、夔之所宅也。今山觚而饰此者，宜矣。（卷十五）

【案】此器为侈口束腰平腹高圈足式觚，喇叭口较大，圈足上部有十字孔，器腹饰饕餮纹。饕餮纹与夔龙纹组合，并辅以雷纹的构图方式，在酒器中亦常使用。王氏指出了此器纹饰之间的类比联想关系，即"夫深山大泽实生龙蛇，则是宜饕餮、螭、蜼之所宅也"。《西清古鉴》载"商饕餮觚"三器，形制、纹饰与此器相类。

（15）周饕餮觚

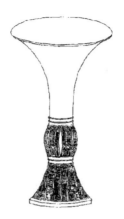

右高八寸六分，深五寸六分，口径四寸八分，容七合，重一斤七两，无铭。是器，纯缘不著文饰，腹两面有鼻，为饕餮状。三代之器，至食饮之具类，设"饕餮觚"主饮，故亦象此。

（卷十五）

【案】此器为侈口束腰鼓腹高圈足式觚，喇叭口较大，器腹饰饕餮纹，图像不甚清晰。《西清古鉴》载同名十七器，形制、纹饰并不统一，与《宣和博古图》所载之"周饕餮觚"形制差别较大。

（16）周饕餮觶

　　右高三寸五分，深二寸八分，口径长二寸七分，阔二寸一
　　分，容五合，重一十二两有半，无铭。夫觯，在饮器中所取最
　　寡。然，昔人于此防闲其沉湎淫佚，犹以饕餮示其训。则知列
　　鼎盛馔未尝不有戒心，此亦先王慎微之意焉。（卷十六）

【案】此器为侈口束颈鼓腹低体式觯，无器盖，腹饰饕餮纹，形貌
颇具代表性。觯是小而圆的饮酒具，"在饮器中所取最寡"，不仅是对
器型容积的定位，而且结合饕餮纹引申出对寓意的阐发。酒具容积小
是对饮者酒量的客观限制，饕餮纹则体现出对主观欲望的节制，即"昔
人于此防闲其沉湎淫佚，犹以饕餮示其训"。由此推而广之，"则知列
鼎盛馔未尝不有戒心，此亦先王慎微之意焉。"说明器物上普遍包蕴着
礼的要求。

兽面纹觯（商代晚期）　　　　　兽面纹觯（西周早期）

　　《西清古鉴》载商周"饕餮觯"各一器，与《宣和博古图》所载"周
饕餮觯"相比，形制较细长，器腹饕餮纹形象也全然不同。上海博物
馆藏商代晚期的"兽面纹觯"（如上左图），器腹的饕餮纹形象与《宣
和博古图》所载此"周饕餮觯"的纹饰铸刻手法与布局极为相似，且
器盖亦饰相应的饕餮纹。美国旧金山亚洲艺术博物馆藏"兽面纹觯"（如

上右图）为西周早期器，颈部饰火纹，盖上及器腹饰内卷角饕餮纹亦与此"周饕餮觯"相近。

（17）商饕餮甗

　　右高一尺一寸五分，深自口至隔五寸五分，自隔至底二寸八分，口径八寸六分，耳高二寸，阔一寸八分，容自口至隔五升八合，自隔至底二升四合，重七斤，三足，无铭。足间所饰饕餮，与商甗皆相类。而两耳、纯缘文镂至隔，又与"商立戈甗"无少异。制炼精工，非商物不能及此。（卷十八）

【案】此器为侈口立耳深腹柱足式甗，器图描绘鬲腹纹饰形似象首，王氏判之为饕餮纹，器物已不为今见，故无从考。

（18）周盘云饕餮甗

右高一尺七寸七分，深自口至隔八寸二分，自隔至底三寸八分，耳高四寸三分，阔三寸七分，口径一尺三寸九分，阙隔，通容三斗六升，重三十五斤，三足，无铭。且甗常隔而能通，所以献其气于上，以为饪物之具，以达水火之气，盖熟物自下始也。饰以盘云，以象其气盘结不散，致雨之道也。气之熟物，其犹是欤？饰以饕餮，所以思患，豫防之义存焉。（卷十八）

【案】此器为侈口立耳深腹柱足式甗，以鬲足所饰为饕餮纹，其形貌虽与"商饕餮甗"有别，但仍疑此类纹饰皆象首。王氏把纹饰形象与器物功用相结合，对其文化寓意进行阐释。认为盘云纹有富含水汽之意，象征着"气盘结不散"，与鬲"献其气于上"蒸熟食物的道理是一致的。而饕餮纹"所以思患，豫防之义存焉"的解释则较为含糊，是预防水汽过盛，还是预防人贪吃食物，不甚明确。现存陕西醴泉朱马嘴出土的"兽面纹甗"为商代晚期制器，北京琉璃河253号墓出土的"圉甗"为西周早期制器，形制、纹饰与之相近。

（19）周雷纹饕餮甗

右高一尺二寸三分，深自口至隔六寸，自隔至底四寸六分，口径九寸三分，耳高二寸四分，阔二寸五分，容自口至隔九升

有半，自隔至底三升六合，重十有一斤八两，三足，无铭。是
器，甗也。甗之为饰，类以饕餮、雷纹间错，而耳作绚纽，足
为象鼻。盖先后制作相承，故无少异，非若尊彝各有取法，所
以无嫌于沿袭也。（卷十八）

【案】此器为侈口立耳深腹柱足式甗，纯缘下纹饰带饰饕餮纹。《西
清古鉴》载"周饕餮甗"三器，形制、纹饰皆与此器相类。现存陕西
凤翔花园村出土的"父乙甗"为商代晚期制器，扶风杨家堡出土的"庚
父己甗"为西周早期制器，与此器形制、纹饰颇为相似。

（20）商雷纹饕餮鬲

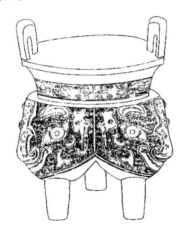

右高九寸，深五寸九分，口径八寸，容一斗一升，重一十
斤二两，两耳，三足，无铭。是器，鬲也。与它器无小异，但
所受稍大。三股各作一饕餮形，下喈其足。饕餮之间，错以雷
纹。纯缘而下，复环以夔，三分其体，而分之以鼻。左右从横
视之，皆成兽形。考诸商器，类多似此。（卷十九）

【案】此器为侈口立耳束颈柱足式鬲，双耳，三足，袋腹饰大饕餮
纹。上海博物馆藏"兽面纹鬲"为商代中期制器，美国赛克勒美术馆
藏"兽面纹鬲"为商代晚期制器，皆与之相类。

（21）周饕餮鬲（二器）

高七寸一分，深四寸四分，口径五寸三分，容三升，重三斤六两，两耳，三足，无铭。

作册兄鬲（商代晚期）

高六寸五分，深四寸，口径四寸九分，容二升，重二斤十有一两，两耳，三足，无铭。

右二鬲，皆鬴属。款足以达水火之气。盖熟物自下始也，故其用未尝不同。但前一器差大，而耳、足纯素，于腹间止饰以饕餮。后一器，亦著饕餮，鼻为觚稜。大抵制作之工略异，然，俱周物也。（卷十九）

【案】二器皆为侈口立耳束颈锥足式鬲，具体形制稍异，袋腹饰饕餮纹。鬲的形制源于原始社会时期的陶鬲，是人类最早使用的饪食器之一。依王氏案语所言，"右二鬲，皆甗属。款足以达水火之气"，二器形制为鬲，但似乎器内可容算以蒸物。《西清古鉴》亦载"周饕餮鬲"二器，前一器形制为柱足式鬲，后一器形制为蹄足式鬲，虽然袋腹上皆饰饕餮纹，但器图描绘的纹饰样貌也与《宣和博古图》载器不同，因此二著所载同名器物，其实并不相同。现存河南安阳郭家庄西50号墓出土的"作册兄鬲"（如上右图），为商代晚期制器，与之相类。

（22）周饕餮贯珠鬲

　　右高一尺六寸，深一尺一寸，口径一尺二寸，容四斗六升，重三十六斤，两耳，三足，无铭。纯缘饰以饕餮贯珠之纹，复加连珠为间。古之鼎彝之属，多著饕餮，盖饮食人之大欲存焉。苟无以防其未然，则亦何所不至耶？鬲，以烹饪为事，故取此为象。古人所以寓意者，可谓深矣！（卷十九）

【案】此器为侈口立耳深腹锥足高体式鬲，颈部饰饕餮纹带，以联珠纹为界栏。商周时代，以饕餮纹为饰是鬲袋腹上的常见纹饰之一。铸器象物所表达的寓意体现着见微知著的特点，即于细节之中包蕴着"微言大义"。节制欲望与防患于未然是宋人阐释饕餮纹寓意的两个核心观点，二者紧密相连。

（23）周饕餮瓿（四器）

　　第一器，高六寸一分，深四寸九分，口径六寸，腹径七寸九分，足径五寸二分，容六升六合，重三斤十有一两，无铭。

　　第二器，高七寸五分，深六寸一分，口径七寸二分，腹径一尺三分，足径六寸三分，容一斗五升四合，重七斤有半，无铭。

　　第三器，高六寸二分，深五寸，口径六寸一分，腹径九寸，容七升，重三斤十有二两，无铭。

　　第四器，高五寸三分，深四寸九分，口径五寸一分，腹径八寸二分，容五升四合，重三斤一两，无铭。

　　右四器，皆饰以饕餮，或间以雷纹。形模典雅，虽无铭识可求，要之，非周文物盛时不能有此也。（卷二十）

　　【案】此四器悉为敛口广肩宽腹式瓿，皆于器腹主体饰饕餮纹。现存河南灵宝东桥出土的"兽面纹瓿"为商中期制器，河北藁城台西出土的"兽面纹瓿"与陕西洋县马畅出土的"兽面纹瓿"，均为商代晚期制器，形制、纹饰与此器相类。

（二）器物以"饕餮"命名，图像清晰，所附文字训释未涉及饕餮纹

《考古图》所载"饕餮鼎"即《宣和博古图》所载之"商象形饕餮鼎"，文献及分析见前文相关论述。《宣和博古图》所载的"周饕餮罍"亦属此类。

周饕餮罍

　　右高九寸六分，深七寸六分，口径八寸三分，腹径一尺一寸一分，容二斗二升四合，重九斤四两，无铭。罍，于酒器中，所容最多，故释器者云"受一斛"。此器所容，但五分之一，岂罍之一类者，亦自有等差小大耶？又《诗》云"金罍"，盖未必以黄金为之，以五金皆金耳。此罍在诸器中特为精致高古，可以垂法后世。于是，诏礼官，其制作为之楷式，以荐之天地、宗庙，使三代之典炳然还醇见于今日，亦稽古之效也。（卷七）

【案】此器无耳，王氏判之为周代的罍。将器图与现代出土的古器遗存相比勘，结合其外观形制、纹饰布局与腹饰大饕餮纹的整体风格观之，若界定为敛口折肩高体式瓿，则更为恰当。经考古研究表明，瓿是罍的早期形态，瓿的行用时间大约在商早期至晚期前段，罍是后期之器，二者曾在商代中期前段一度并行于世，而当罍普遍使用之时，瓿就逐渐消失了。[1] 王氏已经注意到“此罍在诸器中特为精致高古”，此器很可能是周代仿商器而制作。

（三）器物未以“饕餮”命名，图像清晰，所附训释明确界定为饕餮纹

《宣和博古图》中此类器物甚多，分卷列出，如下。

卷一

（1）商乙毛鼎

“商乙毛鼎”为立耳鼓腹柱足圆鼎，饕餮纹饰于纯缘下纹饰带中心位置，两侧分饰的动物纹形似卷尾夔龙，此纹饰带面积约占器腹面积的三分之一，紧接其下的蕉叶纹内饰蝉纹为器腹主要纹饰，王氏案：“腹有蝉纹、脰饰饕餮，间之云、雷，亦以贪者惩也。”薛著通过铭文推断作器者：

> 右鼎铭曰“乙作”，盖作器者乙也。商之名“乙”者甚多，惟太丁之子独曰乙。今铭止曰“乙”，得非太丁之子乎？（文渊阁《历代钟鼎彝器款识法帖》，卷一）

（2）商父己鼎

“商父已鼎”为直缘浅鬲腹柱足式鬲鼎，饕餮纹饰于袋腹显著位置，王氏案：“是器，耳、足纯素，三面为饕餮，而间之雷纹。”

（3）商若癸鼎

“商若癸鼎”为直缘浅鬲腹柱足式鬲鼎，双耳，三足，三组饕餮纹分别饰于三袋腹之上，以雷纹为地。王氏案：“其形制比商器复加文缛，三足皆作饕餮，气韵颇古，真商盛时器也！”薛著亦载此器，铭文训

[1] 马承源 . 中国青铜器（修订本）[M]. 上海：上海古籍出版社，2003（1）：234.

释与《宣和博古图》相同：

> 右鼎铭于亚形中，上作一若字，铭其作器之人也。旁作旗
> 斿之势于左，旌其位也；又作两手互执物状于右，以著荐献之
> 象，而且昭其获助也。四隅作"癸、丁、甲、乙"，杂然陈布
> 者，纪其日也。（文渊阁《历代钟鼎彝器款识法帖》，卷一）

《西清古鉴》载"商若癸鼎"三器，"与《博古图》所载形制、铭款俱
相类。'若癸'字义不可晓，而旧说'若'字铭其作器之人也，则'若'
为人名矣"[1]。

现存河南安阳孝民屯南1713号墓出土的"亚鱼鼎"为商代晚期制
器，现藏于日本泉屋博古馆的"匽侯旨鼎"为西周早期制器，是两件
典型的柱足分裆鼎。器腹以雷纹为衬底，满饰饕餮纹，以三足为中心，
形成三组。形制、纹饰与北宋古器图录所绘的"商父己鼎""商若癸鼎"
二器十分相似。

卷二

（4）周文王鼎

"周文王鼎"为立耳长方体兽形卷尾式扁足鼎，双耳，四扁足，腹
起扉棱，饰饕餮纹。

---

① 文渊阁《四库全书》本《西清古鉴》，卷一。

伯方鼎（西周早期）

王氏案："其身四周隐起兽面，盖饕餮之象也。古者，铸鼎象物以知神奸。鼎设此象，盖示饮食之戒。"关于铭文"鲁公作文王尊彝"，《宣和博古图》认为"鲁公"即周公：

> 鲁公者，周公也。文王者，周文王也。按，《史记·鲁世家》云："武王遍封功臣、同姓戚者，封周公旦于少昊之墟曲阜，是为鲁公。周公不就封，留佐武王。"今考其铭识，文画尚类于商，则知周公之时，去商未远，故篆体未有变省，以是推之，则此为周公作祭文王之器无疑。……（文渊阁《四库全书》本）

《西清古鉴》载"周文王鼎"四器，外观形制皆与宋代器图所绘同名器物相仿，据"周文王鼎一"考证"鲁公"为伯禽，与《宣和博古图》的观点不同：

> 《博古图》有"文王鼎"冠于周器之首，特围径尺度不同耳。至谓"鲁公"为"周公"，然周公留佐周，未尝就封。《春秋内传》曰："祝宗卜史，备物典策，官司彝器，因商奄之民，命以伯禽

而封于少皞之墟。"此鲁公应为伯禽。古者,诸侯不得祖天子,而鲁独用天子礼乐,故鲁公得祭文王也。又《续夷坚志》言泰和未见内府所藏方鼎,耳二,足四,饕餮象在雷文中,铭云云,亦与此合。(文渊阁《四库全书》本《西清古鉴》,卷二)

现存河南安阳小屯5号墓出土的"妇好方鼎"为商代晚期制器,龙纹翘尾扁足颇具特色;陕西宝鸡竹园沟四号墓出土的"伯方鼎"(如上右图)为西周早期制器,鸟形扁足十分精巧。二鼎器身皆为长方槽形,四壁饰雷纹衬底的饕餮纹,四隅与壁中央有扉棱,扁足特点鲜明。尤其后者形制、纹饰与《宣和博古图》所绘"周文王鼎"极为相似。

卷三

(5)周举鼎

"周举鼎"为立耳宽体柱足圆鼎,双耳,三柱足,纯缘下饰饕餮纹带,起短扉棱。王氏案:"观其制作,耳、足与腹皆纯素,不设文镂,而三面有饕餮状,间之雷纹,铭与商器皆近似,而文过之,周初器也。"薛著训释同于《宣和博古图》:

右铭一字曰"举"。李公麟得爵于寿阳而铭曰"已举",王玠得爵于洛下而铭曰"丁举"。正杜蒉洗而扬觯以饮,平公因谓之"杜举",则又见于献酬之制耳。此铭曰"举",义或在于是欤?(文渊阁《历代钟鼎彝器款识法帖》,卷九)

《西清古鉴》载"周举鼎"七器,其中第一器案语曰:

《博古图》有周鼎亦铭曰"子父举",即此器。顾以父从其子，释"子父"。按，"子"为周爵，又《殷本纪》："封于商，赐姓子氏。"然则，"子父"者，安知非"单父毛父"类耶？凡器之可举者，古皆谓之"举"，如《传》称"杜举"是也。（文渊阁《四库全书》本，卷三）

现存河南安阳高楼庄后冈圆形祭祀坑出土的"戍嗣子鼎"，为商代晚期制器，以及《宣和博古图》载"周兽缘素腹鼎"二器，与此"周举鼎"纹饰布局相似。

卷五

（6）周旋云鼎

"周旋云鼎"为立耳深腹短柱足式圆鼎，双耳，三足，纯缘下与柱足上分别饰短扉棱，纯缘下饰变形饕餮纹带，与短扉棱等宽，约占器腹面积的1/3。王氏案："此器足空，耳直，纯缘作云气回旋状，足著饕餮。"

（7）周垂花鼎二

"周垂花鼎二"为侈口垂腹附耳细长兽形足式圆鼎，双附耳，三细长兽形足，纯缘下饰饕餮纹带，下接蕉叶纹内饰蝉纹带。王氏案："后一器，圆而上掩，腹饰饕餮，其垂花作蝉纹状。"

卷七

（8）周牺首罍

"周牺首罍"四器，皆圆肩式双耳尊，前两器为高体尊，除第一器外皆双耳连环，王氏案："前三器，腹著饕餮，下作垂花，虫镂隐起，间错云雷。"

卷八

（9）周叔彝

"周叔彝"形制为侈口鼓腹双耳式簋，双耳垂珥，下联方座。簋腹与方座正面皆饰饕餮纹。王氏案："观其形制，则耳为水兽，下有方座，周身为饕餮状，纯缘下与足上有行螭之饰。"现存北京琉璃河 251 号墓出土的"㦡簋"，为西周早期制器，形制、纹饰与"周叔彝"相似。

（10）周雷纹宝彝

"周雷纹宝彝"形制为侈口鼓腹兽首耳式，双耳垂珥，高圈足。王氏案："纯缘之下与足皆作雷纹，蹙成饕餮状，以鹿首为耳。"现存河南安阳孝民屯南 1573 号墓出土的"母己簋"，为商代晚期制器，与"周雷纹宝彝""周夔龙乳彝"相类，口沿下与圈足上皆饰饕餮纹。

（11）周乳彝

"周乳彝"二器，形制相同，皆为侈口直壁深腹无耳式簋，器腹的主体纹饰为百乳雷纹，圈足上饰饕餮纹，王氏案："其纯缘之下，分为四兽首，兼著饕餮之形，夫以昭贪婪之戒。"图像不甚清晰。现存河南安阳小屯 18 号墓出土的"侯簋"，为商代晚期制器，形制、纹饰与此器相似。

（12）周夔龙乳彝

"周夔龙乳彝"形制为侈口束颈垂腹兽首耳式簋，双耳垂珥，器腹主体纹饰为百乳雷纹，圈足饰饕餮纹。王氏案："是器，纯缘之外作夔龙状，间以雷纹，而腹间有乳，环之足下作饕餮，以虎首为耳。"

（13）周高足彝二

"周高足彝二"形制为宽折缘直壁高圈足无耳式簋，纯缘下的纹饰带与圈足皆饰饕餮纹。王氏案："三面作饕餮，周体饰以云雷。其足有窍，可以贯绳。"现存河南安阳苗圃北地 172 号墓出土的"亚盟簋"，为商代晚期制器，颈部纹带上饰三饕餮纹，圈足上亦饰饕餮纹，以云雷纹为衬底。形制、纹饰与"周高足彝二"颇相类。

卷九

（14）商立戈卣

"商立戈卣"（如下图）为扁圆体斜肩垂腹纵向提梁式卣，有盖。器
腹主体饰大饕餮纹。王氏案："是器，通体两面状饕餮，间以雷纹，提梁
为虎首，盖皆示其防闲之理。"薛著载此器，仅训释铭文，未涉及纹饰。
《宣和博古图》所载"商兕卣""商夔龙卣二"与"商立戈卣"形制相同，
纹饰构图相近，为同一类型。现存江西遂川出土的"亚窦卣"、广西武鸣
勉岭出土的"𠂤卣"、陕西岐山贺家村出土的"𝕎卣"，现藏于美国弗利
尔美术馆的"鸢卣"，上海博物馆藏"戉箙卣"皆为商代晚期制器，形制、
纹饰与"商立戈卣"颇为相似，体现出商周之际卣的主流风格特点。

（15）商兕卣

"商兕卣"扁圆体斜肩宽垂腹纵向提梁式卣，有盖。形制与饕餮纹
位置与"商立戈卣"颇相似，但以垂腹为异。王氏案："是器，提梁之
两端亦象兕首，而通体作饕餮状。"

卷十

（16）商史卣

"商史卣"为扁圆体圆肩垂腹双耳卣，无提梁。肩腹无明显分界，肩处饰饕餮纹带，与双耳等宽。王氏案："是卣，状饕餮，而环以连珠。"

卷十一

（17）周尹卣盖

"周尹卣盖"，王氏案："是器之盖，两面状饕餮，作四瓠棱，如山形而屹起，纯缘之上，饰以八虺，雷纹间之。"

（18）周垂花卣

"周垂花卣"（如下图）为扁圆体斜肩低提梁垂腹式卣，提梁作绚索状，器肩处的纹饰带以两道平行的联珠纹为界栏，其间以短扉棱分割的对称饕餮纹为主题纹饰。王氏案："是卣，比它器特匾而小，提梁作绚纽状，盖之上设一爵柱，柱之下环以蟠螭，螭之外饰以垂花。至于纯缘、圈足，则以连珠周之，而间以雷纹，其下两面各作饕餮，起棱为介。制作虽繁缛，而中藏简古意，盖周器宜有此也。"

卷十二

（19）周瓻稜壶

"周瓻稜壶"（如下图）形制特别，为高体方颈斜宽肩束腹矮圈足式壶，器腹上宽下窄，近足处的主题纹饰为饕餮纹。王氏案："此器浑厚端雅，体方而瓻稜四出，腹著饕餮，间以夔龙。"

（20）周贯耳壶

"周贯耳壶"五器均为宽口贯耳椭扁体式壶，皆以饕餮纹为饰。王氏案："右五器，皆两耳通贯上下，可系以挈。而其为耳之形制则稍异，或饰之以夔首，或著之以角兽，或耸起作饕餮之状，或通上下蟠为兽面。然，中空，均可以贯绳。而腹、足间，类饰以云雷、饕餮。文镂精巧，实周物也。"

卷十五

（21）周子乙罍

"周子乙罍"二器形制悉同，皆为高体分段平底式罍，有柱有錾，三锥足，器腹饰饕餮纹。王氏案："三面皆作饕餮，间以雷纹。足间复状以夔。纯缘之外作山形。"

（22）周风纹斝

"周风纹斝"为高体侈口分段平底式斝，有柱有鋬，三锥足，腹饰饕餮纹。王氏案："是器，纯缘、鋬、足并皆纯素，两柱饰以盘云，腹上作饕餮形，间以风纹状，欹斜偃草之势。"

（23）周云雷斝

"周云雷斝"五器，悉为侈口平底式斝，虽形制稍异，但皆腹饰饕餮纹。王氏案："右五器，著象饕餮，杂以云雷，而足皆作戈以示戒。"

（24）周虎斝

"周虎斝"（如下图）为高体侈口深腹分裆式斝，有柱有鋬，腹饰饕餮纹。王氏案："右高一尺五寸六分，深一尺三寸，口径七寸三分，容六升，重九斤，两柱，三足，有鋬，无铭。鋬端有虎首之状，三足若鬲而锐，雷纹饰其两柱，三面著以饕餮。昔，周有'虎彝'，本基于帝舜宗彝之象。盖武有力而重则威者，君子有取于虎焉。古之飨礼，或有以昭其文，或有以示其武，况铭诸饮器哉！"

（25）商合孙祖丁觚

"商合孙祖丁觚"为低体粗腿腰鼓腹式觚，器腹及圈足饰饕餮纹。王氏案："此器于当中屹起四棱，以考其世，书'人饮惟祀，德将无醉'。饰以夒，又加以饕餮，无贪浊之患，而知所毖矣。"

（26）商奕车觚

"商奕车觚"为高体细腰式觚，喇叭口较大，器腹与圈足饰饕餮纹，王氏案："视其隐起雷纹与夫饕餮之饰，实符商制。"

（27）商父舟觚

"商父舟觚"为高体细腿腰平腹式觚，圈足上饰饕餮纹。王氏案："是器，足、腹为饕餮、夒、虺之状，皆取铸鼎象物之饰，凡所以为饮器者之规焉。"

（28）商龙觚

"商龙觚"为高体束腰式觚，器腹与圈足上饰饕餮纹。王氏案："是器，腹、足两面作饕餮状，间以云雷，皆所以著戒者也。"

（29）商孙觚

"商孙觚"为高体侈口束腰鼓腹高圈足式觚，圈足上部有十字孔，器腹与圈足上饰饕餮纹。王氏案："足、腹两面作重饕餮象。鼻、尾之间为四棱。腹之上作虺，腹之下作夒，其上作山，皆周以雷纹。"

（30）商四象觚

"商四象觚"为高体侈口束腰鼓腹高圈足式觚，圈足上饰饕餮纹。王氏案："饰以山、雷、饕餮、蟠、虺之状，而腹之下复作四象形。《仪礼》所谓'象觚'者，其亦及见是制而有传也。"

（31）周山纹觚

"周山纹觚"为低体束腰鼓腹高圈足式觚，圈足上部有十字孔，器腹与圈足饰饕餮纹。王氏案："腹、足遍以雷纹、饕餮间饰。胫设四山，复错雷篆。是器，比诸觚为最小。然，制作高古，颇有商人之遗法，但文特加胜，殆周初物耶？"

（32）周山雷觚

"周山雷觚"为高体束腰鼓腹式觚，圈足上部有十字孔，腹饰饕餮纹。王氏案："是器，纯之外，作四山。中分其体，各为雷篆，间以饕餮，其棱四出。足以上，致饰尤繁缛，乃周文盛时物也。"

（33）周蟠夔觚

"周蟠夔觚"（如下图）形制特别，为高体侈口鼓腹高圈足式觚，圈足上部有十字孔，然其颈部呈曲线造型，与常见的平滑弧度迥异。器腹饰饕餮纹，图像不甚清晰。王氏案："腹间饰以两面饕餮，足间作相顾蟠夔之状，比他觚无棱郭。岂非寓破觚为圆之意耶？礼之不相沿袭，盖亦有所自矣。"

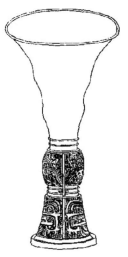

（34）周蝉纹觚

"周蝉纹觚"为高体侈口束腰鼓腹高圈足式觚，圈足上部有十字孔，腹饰饕餮纹。王氏案："通腹与足，两面为饕餮状，细错雷纹。足之上文以四蝉。纯之外，饰以四山。"

（35）周云雷瓿

"周云雷瓿"为高体束腰平腹高圈足式瓿，圈足饰饕餮纹。王氏案："瓿之为饰类作山形，间之饕餮、云雷之象。"

（36）周雷纹瓿

"周雷纹瓿"七器，悉为侈口束腰式瓿，具体形制稍异，皆饰饕餮纹。王氏案："右七器，皆以雷纹、饕餮为饰。所异者，第三器，腹、足之间作四夒，腹之上作四山，周以雷纹。第五器，腹、足隐起饕餮，纯外有四山，下为虺形。瓿之为器，戒心已默寓其名，而又类为饕餮、夒、虺者，是欲惩其贪婪，而将之以德也。"《西清古鉴》载同名器二十二件，形制、纹饰皆不统一。

（37）周小圆瓿

"周小圆瓿"二器，悉为低体束腰式瓿，具体形制稍异，皆腹饰饕餮纹。王氏案："右二器，形制似瓿，而四隅无棱，腹著饕餮。惟后一器，设饰少异。方之诸瓿，而类皆短小，亦可爱也。"

卷十六

（38）商山斝

"商山斝"为侈口束颈鼓腹式的圆体斝，有盖，器腹饰饕餮纹。王氏案："是器，斝也。通体作雷纹，间以饕餮。纯缘下，环以十二山。今尊、罍、瓿、爵类，以山形为之饰。斝，其类也，故设饰略相似。独比他斝有盖。雕镂尤工，为可宝者。"现藏于上海博物馆的两件"兽面纹斝"，为商代晚期制器，与"商山斝"形制、纹饰相近似。

（39）周父贝斝

"周父贝斝"为束颈鼓腹式的圆体斝，无盖，颈部饰饕餮纹带。王氏案："其制圆而椭，旁著饕餮之纹。足有四目，以取尊寓黄目之意。其腰则雷纹、饕餮互为盘结。"

（40）周双弓角

"周双弓角"为杯型 V 口式角，即口有双翼呈 V 字形分离，杯形如爵而圆底，錾饰兽首，三锥足，器腹饰饕餮纹。王氏案："两面为雷纹、饕餮，錾饰以牛首。"现存河南安阳郭家庄西 160 号墓出土的"亚址角"，现藏于日本泉屋博古馆的"宰椃角"，皆为商代晚期制器，与"周双弓角"形制、纹饰颇为相近。

（41）商己丁敦

"商己丁敦"为敛口鼓腹双耳簋，器腹饰饕餮纹。王氏案："观其盖、足、纯缘，周以夔龙，又著两螭以耸其耳，通腹皆列饕餮之纹，比之他敦尤为特异。"现存湖北黄陂盘龙城出土的"兽面纹簋"纹饰布局与之近似。

卷十八

（42）周垂花雷纹甗

"周垂花雷纹甗"为侈口立耳深腹柱足式甗，纯缘下以两道平行的联珠纹带为界栏，其间饰饕餮纹，图像不甚清晰。王氏案："三面设饕餮之饰，间以雷纹，如连珠相属。下有垂花，隔作三象，出鼻为足。中有隔，可以熟物。古人创物之智，其所以造形，穷理为备于此。是必周器也。"现藏于上海博物馆的"母癸甗"为西周早期制器，与之形制、纹饰颇为相似。

卷十九

（43）商执戈父癸盉

"商执戈父癸盉"为低体分裆式盉，宽口束颈，有流有鋬，袋腹，三柱足，颈肩处以两道平行的联珠纹为界栏，中间饰饕餮纹带。王氏案："是器，两面作饕餮，周以连珠，流有铭。是器，三面作饕餮，间雷纹，不得见其完器尔。"

（44）周龙首盉

"周龙首盉"为低体宽分档式盉，三足。流为龙首状，腹饰饕餮纹。王氏案："是器，三面作饕餮，间以雷纹，纯缘之外，又状夔龙，而流作龙首，方他器，具三足，而但逸其盖耳。"

（四）器物未以"饕餮"命名，亦无纹饰训释为证，图像尚可辨识为饕餮纹

1.《考古图》中此类器物

《考古图》中此类器物相对较多，饕餮纹饰于器腹的器物有"东宫方鼎""郑方鼎""父已鬲""已丁敦""歫中匜""祖丁彝""持戈父癸卣"；饰于器足的器物有"晋姜鼎""公诚鼎""庚甗""父癸方彝"。

"东宫方鼎"的饕餮纹占器物主体纹饰的2/3；"郑方鼎"的形制与纹饰皆与"东宫方鼎"相类，吕氏案"此器与东宫方鼎相似"[①]；"父已

---

① 文渊阁《四库全书》本《考古图》，卷一。

鬲"①的三组饕餮纹分别饰于三袋腹之上，作为全器最突出的主题纹饰，以密布的雷纹为地；"已丁敦"的形制为双耳有盖圆形簋，饕餮纹为器腹的主要装饰；"歫中匦"即棱角突折的长方体簠，不仅盖、器同形，上下对称，而且纹饰一致，两组饕餮纹分别饰于盖、器腹部的中心位置；"持戈父癸卣"（如上图）的形制与上海博物馆藏"龙纹觯"颇为相似，准确地说，此器的饕餮纹带饰于器物向内收束的颈部。"公诚鼎"与"晋姜鼎"的饕餮纹位置大体相似，只是每个蹄足兽面处分别铸有一道凸出的扉棱；"庚嬴"上为圆口甑，下为三足鬲，饕餮纹饰于鬲腹，样貌与"父已鬲"相类；"父癸方彝"形制为双耳方鼎，四兽面分别饰于四鼎足上部与器腹相交处。

（1）需要特别说明的是"祖丁彝"与"晋姜鼎"

《考古图》载"祖丁彝"（丹阳蔡氏，薛编作"瞿祖丁卣"）：

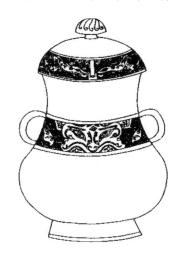

右所从得及度量皆未考，铭六字。

按，此器与前图二"癸彝""父辛彝"相类，必有提梁，今

---

① 宋薛尚功《历代钟鼎彝器款识法帖》卷五著录两件同名"父已鬲"。

不存，当名曰"彝"。

《李氏录》云："铭之可辨者'祖丁'，商之十四帝祖丁也。上为两目，中为兕牛，下为两册，纯作画象，时方尚质故也。至周，有'黄目尊''牺尊'，盖法始于此，而分以名'尊'，广备礼乎？"（卷四）

《宣和博古图》判此器为商器，名曰"商瞿祖丁卣"，训释如下：

右通盖高六寸四分，深四寸四分，口径长三寸一分，阔二寸三分，腹径长四寸八分，阔三寸五分，容一升五合，共重二斤十两，两耳，阙提梁，盖与器铭共十二字。曰"瞿"者，质诸经传，无所见。而商有"瞿父鼎"，亦作两目相并，正与此卣同，实一时之制。曰"祖丁"者，商十四世君祖辛之子也。中为牺形，下为两"册"，皆取象于物，而书画未分。至《周官·司尊彝》有曰"牺尊者，饰以牺牛"，盖所因者，商之遗意耳。画以两"册"，所以为册命也，亦犹康王命毕公而曰"册毕"。制器尚象，其义如此。（卷九）

【案】"祖丁彝"形制似卣，有盖，双耳，无提梁。薛氏收录此器，《历代钟鼎彝器款识法帖》卷三全引《宣和博古图》文献，并沿用其名为"瞿祖丁卣"，训释未做新解，故文献从略。吕大临虽名之曰"彝"，却也认为此器"必有提梁，今不存"[1]。器身上的纹饰带与双耳等宽，位于向内收束的器腰处。李公麟认为纹带中的主题纹饰为"兕牛"，以器

---

① 文渊阁《四库全书》本《历代钟鼎彝器款识法帖》，卷四。

图观之，此兽面形象与商器习见的饕餮纹无异。

（2）"晋姜鼎"（如下图）

晋姜鼎为宽体附耳式圆鼎，双附耳，三蹄足上近器腹处饰兽面之像，似饕餮纹。《宣和博古图》判之为周器，薛氏著录此器，训释悉引《宣和博古图》，皆以训释铭文为主，未言及纹饰。《西清古鉴》对此器铭文内容的研究较宋代稍详：

铭与《博古图》所载同，缺二十二字。按，晋文侯仇平西戎之乱，平王锡以《文侯之命》，此称"文侯"者是也。文侯之夫人，不见于书传。董逌谓春秋时齐归晋女者，献公则齐姜，文公则大姜，平公则少姜。其在春秋前，则穆侯夫人少姜蚤死，齐姜不得主祀，穆夫人不尽穆侯世，惟文公夫人当襄公世，犹不弃祀事，则铭称"晋姜"，即太姜，为文公重耳夫人。鼎盖作于襄公时，而所云"勿废文侯顈命"，则晋姜述祖德，以教诫其孙子，不指文公言也。《博古图》谓以其妻晋文侯，故曰"晋姜"，是直以文侯为文公重耳，实误。且"虎贲"云云，亦与《文侯之命》合。晋既有文侯，不应复称文公为文侯固明甚。刘原父《先秦古器记》亦载此器，《赞》曰"文侯翼周，九锡彤弓"，斯得之矣。然，下云"姜氏戴德，既佑武公"，则又似以晋姜为文侯仇之夫人，亦非是。今并政之，以俟后之考者。铭首"不辱妄宁"，董逌作"不敢荒宁"，于义为得妄荒字，古文通用也。末曰"蕲绾眉寿"，黄伯思曰："祈天永命，俾弗中绝，故云'绾'。"（文渊阁《四库全书》本《西清古鉴》，卷二）

2.《宣和博古图》中此类器物

卷一

（1）商父乙鼎

"商父乙鼎"为直耳直缘浅鬲腹柱足式鬲鼎，双耳，三足，三组饕餮纹分别饰于三袋腹之上，是器身上唯一的主题纹饰，以雷纹为地。《西清古鉴》卷一载"商父乙鼎"四器，虽然同名，但形制、纹饰、铭文皆与此有别。第二器案："《博古图》载'父乙鼎'，铭三十字。此止三字，上一字不可识，下曰'父乙'。"① 虽然第一器的鼎腹饕餮纹十分明显，但二者与《宣和博古图》所载"商父乙鼎"皆非一器。现存河南安阳郭家庄西160号墓出土的"亚奥鼎"为商代晚期制器，形制、纹饰皆与之相类。

（2）商召夫鼎

"商召夫鼎"为长方体深腹柱足式方鼎，双耳，四足，器腹上有扉棱，饕餮纹为正面主体纹饰。关于此器的铸造时期，《宣和博古图》认为是商代器物，而《西清古鉴》则判为周代器物：

　　铭八字，内一字不可辨。"召夫"，于经传无所考。"商册命鼎"亦著此铭，殆一时所作。然，校其款识，无室字，而作亚形，内著"召夫"，是亦庙器也。（文渊阁《四库全书》本《宣

---

① 文渊阁《四库全书》本《西清古鉴》，卷一。

和博古图》，卷一）

　　《博古图》有"册命鼎"，铭款皆合即此器，顾因"父癸"二字定为商物，实无据。"召夫"之称不见于殷代，此铭"召夫"盖召伯、召父类耳，当在周世。曰"册命"，则如王命周公作《册逸》作册是也。亚形为庙，此云室，尤其征矣。曰"午刊"，或纪日也。（文渊阁《四库全书》本《西清古鉴》，卷二）

"商亚虎父丁鼎""商册命鼎"与"商召夫鼎"形制相仿，饕餮纹的位置与风格皆相类。现存河南温县小南张出土的"徙方鼎"为商代晚期制器，无论外观形制，还是纹饰布局，皆与以上宋代图录载器极为相似。

　　（3）商立戈鼎

　　"商立戈鼎"为立耳圆腹柱足式圆鼎，纯缘下饰一道变形饕餮纹带，兽目鲜明，兽面其他部位由抽象的云雷纹笔法表现，器身其余部分皆素面。此器构图形式与河南安阳小屯5号墓出土的"亚弜鼎"相仿。

　　（4）商立戈父甲鼎

　　"商立戈父甲鼎"（如下图）为立耳鼓腹柱足式圆鼎，双耳，三足，饕餮纹为器腹正面主要纹饰，似为商鼎风格。

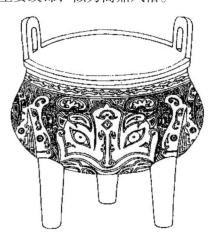

（5）商綦鼎

"商綦鼎"为立耳宽体矮柱足式圆鼎，双耳，三足，纯缘下饰变形饕餮纹带，兽目鲜明，兽面其他部位由抽象的雷纹表现。除此之外，器身耳、腹、足诸处皆素。现存河南安阳苗圃北地172号墓出土的"亚盥鼎"为商代晚期制器，与此器形制、构图颇为相似。

卷二

（6）周单父乙鼎

"周单父乙鼎"为立耳长方体深腹柱足式方鼎，腹起扉棱。此器体现出商周之际鼎纹饰的一种代表性构图方式，即器腹纹饰分为上下两部分，上部接近口沿处常饰一道鸟纹或夔龙纹窄带，约占器腹面积的1/3，下部紧接饕餮纹主题纹饰，约占器腹面积的2/3，鼎腹四隅及四面中部各有一道扉棱，遍饰雷纹为衬底，全器风格庄重华美。此种构图方式于方鼎、圆鼎皆见用，并都有古器遗存可为佐证。现存河南安阳孝民屯南2508号墓出土的"子韦方鼎"以及戚家庄东269号墓出土的"爰方鼎"，与宋代图录所载"周单父乙鼎"颇相类。

卷三

（7）周师秦宫鼎

"周师秦宫鼎"为立耳深腹兽蹄足式圆鼎，仅纯缘下饰饕餮纹带，其他部位皆素面。薛氏著录此器，训释皆引自《宣和博古图》。

卷四

（8）周蝉纹小鼎

"周蝉纹小鼎"（如下图）为立耳深腹细长兽蹄足式圆鼎，纯缘下饰饕餮纹带，下接蕉叶内饰蝉纹带。王氏案"此器著以夔龙，垂以蝉纹"，认为纯缘之下的主题纹饰为夔龙纹，应为王氏之误判。

（9）周兽缘素腹鼎二

"周兽缘素腹鼎二"（如下图），《宣和博古图》中以"周兽缘素腹鼎"命名的器物有两件，形制与纹饰并不相同，前一器图像摹绘不甚清晰。此器为第二器，是立耳深腹长柱足式圆鼎，腹、足饰短扉棱。王氏案："后一器，亦以兽饰其缘，而纯素其腹，既以示其朴，而又以戒其贪，则鼎之为象至矣！"以器图观之，纯缘之下主题纹带的主体图像即饕餮纹。

卷六

（10）商持刀父癸尊

"商持刀父癸尊"为觚形粗体鼓腹低圈足式尊，腹饰饕餮纹。

（11）商祖戊尊

"商祖戊尊"为高体圆口瓶形尊，腹饰饕餮纹。山西灵石旌介出土的"𝤉父己尊"、上海博物馆藏"隹父癸尊"、陕西长安大原出土的"父癸尊"、美国弗利尔美术馆藏"亚獏尊"悉为商代晚期制器，陕西宝鸡竹园沟7号墓出土的"伯各尊"为西周早期制器，皆与《宣和博古图》所载"商祖戊尊"形制、纹饰相似。

（12）商父己尊

"商父己尊"为瓶形大口鼓腹尊，腹饰饕餮纹。现存河南安阳戚家庄东269号墓出土的"兽面纹尊"、陕西麟游九成宫出土的"父癸尊"皆为商代晚期制器，与此器形制、纹饰相近。

（13）商祖丁尊

"商祖丁尊"为瓶形鼓腹尊，腹饰饕餮纹。

卷七

（14）周乙举尊

"周乙举尊"为高体大口瓶形尊，腹与高圈足皆饰饕餮纹。

（15）周壶尊一

"周壶尊一"为高体折肩式尊，肩有双耳，高圈足上有两个十字孔，腹饰饕餮纹。"周壶尊二"亦为折肩式尊，无双耳，高圈足上有两个圆孔，肩、腹皆饰饕餮纹。

卷八

（16）周己酉方彝

"周己酉方彝"为直壁次高体式方彝，无盖，器身四隅及四面正中皆有扉棱，器腹正面饰饕餮纹。现存河南安阳小屯5号墓出土的"妇好方彝"、武官北地1022号墓出土的"右方彝"、大司空南663号墓出土的"兽面纹方彝"、戚家庄东269号墓出土的"爰方彝",以及现藏于美国旧金山亚洲艺术博物馆的"嚮方彝"、藏于日本白鹤美术馆的"兽面纹方彝"、藏于德国科隆东亚艺术博物馆的"宁方彝",虽然皆为商代晚期制器的有盖方彝,且形制稍异,但除去器盖的部分,器身纹饰构图与北宋器图所载的"周己酉方彝"属于同一类型。

卷九

（17）商持刀祖乙卣

"商持刀祖乙卣"为斜肩垂腹高体式提梁卣,有短扉棱。器腹饰大饕餮纹。现存山西曲沃曲村6081号墓出土的"兽面纹卣"为西周早期制器,外观形制、纹饰布局皆与"商持刀祖乙卣"相近。

（18）商言卣

"商言卣"（如下图）为扁圆体斜肩垂腹纵向提梁卣,有盖,器腹正面饰大饕餮纹。《宣和博古图》所载"周饕餮卣"与"商言卣"形制相近,纹饰布局也多有相似之处。

（19）商祖辛卣

"商祖辛卣"为扁圆体卣,器腹饰大饕餮纹。薛著卷三著录此器,训释悉引《宣和博古图》。现存陕西扶风庄白村西周窖藏出土的"商卣"

为西周早期制器，与"商持刀祖乙卣"形制稍异，但纹饰构图颇为相似。

卷十

（20）商父辛卣

"商父辛卣"为高体鼓腹提梁卣，有盖，提梁两端饰兽首。器腹正面的主体纹饰即饕餮纹。

（21）商夔龙卣二

"商夔龙卣二"为扁圆体斜肩宽垂腹纵向提梁式卣，有盖。器腹主体为饕餮纹。

卷十二

（22）商贯耳弓壶

"商贯耳弓壶"（如下图）为宽口贯耳椭扁体式壶，器身整体由多段主题纹饰带组成，器腹饰以饕餮纹。《宣和博古图》所载"周贯耳壶"五器与之器形一致。现藏于美国旧金山亚洲艺术博物馆的"兽面纹壶"、英国不列颠博物馆的"兽面纹壶"与藏于上海博物馆的"兽面纹壶"形制都是椭圆体贯耳壶，器身饰饕餮纹，为商代晚期制器，与"商贯耳弓壶"颇为相似。

卷十五

（23）商父乙觚

"商父乙觚"为侈口束腰鼓腹高圈足式觚，器腹饰饕餮纹。

（24）商立戈觚

"商立戈觚"为侈口束腰鼓腹式觚，圈足上部有十字孔，器腹与圈足饰饕餮纹。

（25）商亚形觚

"商亚形觚"为高体侈口束腰鼓腹高圈足式觚，圈足上部有十字孔，器腹与圈足饰饕餮纹，图像不甚清晰。

卷十八

（26）商鬲甗

"商鬲甗"二器，悉为侈口立耳深腹柱足式甗，纯缘下饰饕餮纹带。

卷十九

（27）周蔑敖鬲

"周蔑敖鬲"为侈口立耳束颈蹄足式鬲，袋腹饰饕餮纹。现藏于上海博物馆的"濒鬲"为西周早期制器，现藏于美国旧金山亚洲艺术博物馆的"公姞鬲"为西周中期制器，与"周蔑敖鬲"的形制、纹饰多有相似之处。

（五）器物未以"饕餮"命名，亦无训释，图像不甚清晰，疑似为饕餮纹

1.《考古图》中的"辛鼎""乙鼎""癸举"即为此类

《历代钟鼎彝器款识法帖》悉载此三器，但仅训释铭文，皆未涉及纹饰。

"辛鼎"纯缘之下的纹带，似以兽面居中，二龙纹分饰两侧；"乙鼎"纯缘之下的纹带，似以兽面居中，两侧分饰不清晰；"癸举"形制为低体鼓腹式觚，兽面饰于圆凸的鼓腹。

2.《宣和博古图》卷十五所载"商木觚""商父庚觚"为此类

王黼对"商木觚"的训释体现了礼所主导的"仁"的观念：

右高一尺一寸，深七寸六分，口径五寸二分，容八合，重一斤九两，铭一字，曰"木"。昔之作《诗》者，尝借"仁"于《樛木》。而王安石以木为仁类，则木者，仁也。觚、爵，饮器，而取象如此，盖尝禘乡射与夫燕飨之间，未尝不以仁为主耳。

（文渊阁《四库全书》本，卷十五）

《历代钟鼎彝器款识法帖》卷五悉引《宣和博古图》的解说，仅文字稍有出入，从略。

（六）器物未以"饕餮"命名，图像不甚清晰，所附训释明确界定为饕餮纹

1.《考古图》中的"癸鼎""仁旅鬲""四足疏盖小敦"即为此类

（1）癸鼎

右三鼎（引者案，指庚鼎、辛鼎、癸鼎）皆得于京师。……

铭皆有一字在其腹。按，《史记》："夏商未有谥，其君皆以甲乙为号"，则此三鼎疑皆夏商之器。《李氏录》云："自'庚'至'癸'一体，每变以大而文有加。……"又"癸鼎"文作龙、虎，中有兽面，盖饕餮之象。《吕氏春秋》曰："周鼎著饕餮，有首无身，食人未咽，害及其身。"《春秋左氏传》："缙云氏有不才子，贪于饮食，冒于货贿，天下之民谓之'饕餮'。"古者，铸鼎象物以知神奸。鼎有此象，盖示饮食之戒。……（卷一）

【案】北宋"初期因后周之旧都于开封号东京，以洛阳为陪都号西京；1014年以应天府（河南商丘南）为南京，1042年以大名府为北京，备四京"①。吕氏主要生活时期在哲宗朝，"大临《图》成于元祐壬申"②，此时帝居东都汴梁，因此"庚鼎""辛鼎""癸鼎"应出土于今河南开封。由于出土地相同，并有表示计数顺序的天干铭文为证，而且根据李公麟的记述，此三鼎的体积符合天干由小到大的排列顺序，纹饰也表现出有所增益的趋势。因此，吕氏把此三器归为一组相提并论。

《宣和博古图》亦载录此器，名为"商癸鼎"，以训释铭文为要，并未对其纹饰再做解说，而《历代钟鼎彝器款识法帖》对其铭文的训释则悉引自《宣和博古图》，《西清古鉴》载同名三器，皆非宋代图录中所载器物。此鼎为立耳鼓腹柱足式圆鼎，双耳，三足。含有饕餮纹的主题纹带位于鼎的纯缘之下，约占器腹面积的三分之一。依文献所记，纹饰带上应有龙纹、虎纹与饕餮纹三种动物形象，其布局应是饕餮纹居中，龙纹与虎纹分饰两侧。手绘器图不甚清晰，龙、虎纹饰已无缘得见，而"中有兽面，盖饕餮之象"表明此器的饕餮之象亦为后人推测。以此

---

① 谭其骧.简明中国历史地图集[M].北京：中国地图出版社，1991（10）：51–52，"辽北宋时期图说"。
② 四库全书总目·《考古图》提要[M].北京：中华书局，1965（6）：982.

则文献为例，自北宋以降，多引此《吕氏春秋》与《左传》两则文献说明饕餮纹的意义。然而，饕餮纹含义的文化源流诚需申论。

现存河南安阳小屯5号墓出土的"妇好鼎"、上海博物馆藏"兽面纹鼎"与"射女鼎"皆为商代晚期制器，鼎腹图像均于口沿下饰饕餮主题纹带，下接三角蝉纹，构图与"商癸鼎"相似。

（2）乚旅鬲

按，周憬功勋铭内鸿字"工"作"乚"，疑此作"乚旅鬲"。

右得于京兆。高一尺，深五寸八分，径四寸，容五升，铭二字。按，此器铭有"乚"字，李氏所藏"父已卣"，有"北"字，乃其半，皆不可考。古文"鑛"字作"北"，似近之。其制有款足，故名曰"鬲"。其文皆隐起，作兽面，亦饕餮象，亦有柄有流，流口作牛首，盖有连环，系于柄，与他鬲小异。（卷二）

【案】吕氏虽然注意到此器前有流，后有鋬，上有盖，"与他鬲小异"，却仍因器有款足而名之曰"鬲"。实际上，此器与鬲颇为不同，其形制特点与"盉"相类。青铜盉始见于商代早期，盛行于商代晚期至西周时期，有自名器出土。[①] 此器形制属于商周时期的袋足盉，其造

———————
① 马承源.中国青铜器（修订本）[M].上海：上海古籍出版社，2003（1）：242.

型结构与纹饰特点显然已非盉的初期形态。吕氏认为袋足上的兽面纹是饕餮形象，既不若商器饕餮纹之抽象、夸张，而尤其强调了兽耳与双角的具象化表现，其雕铸风格亦不似西周中后期的变形饕餮纹，判之为商周之际的器物应大致不误。

（3）四足疏盖小敦（庐江李氏）

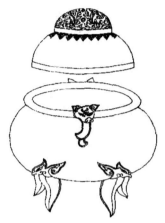

右得于京师。有四足，盖有圈足，疏之。高五寸，缩六寸半，衡五寸半，容二升，无铭识。

《李氏录》云："《少牢礼》敦皆南首，注谓有首，象龟形。《明堂位》两敦、四琏、六瑚、八簋，皆黍稷器，则形制大体相若。今四足形美象龟也，两兽开口有饰玉处，若非玉敦，即瑚琏也。耳为饕餮，足为蚩尤，亦著贪暴之戒。"［李云今画本以飞兽有肉翅者，谓之蚩尤。］《阴符经序》引《广成子传》云："榆刚蚩尤，炎帝之后，铜头□石，飞空走险，以馗牛皮为鼓，九击而止之。"（卷三）

【案】此器形制为敦，吕氏沿袭了李公麟的描述，认为耳錾所饰为饕餮形象。而以《考古图》摹画的器图观之，显然是具象兽首纹饰的形状，与商周饕餮纹形象殊异。

2.《宣和博古图》中相关器物

卷一

（1）商瞿父鼎

"商瞿父鼎"，王氏案："是器，耳、足纯素，无纹，纯缘之外，作雷纹、饕餮。歷年，滋多如碧玉色，宜为商器也。"现存河南安阳小屯5号墓出土的"亚弜鼎"为商代晚期制器，纯缘下饰一道兽面纹带，由六组饕餮纹组成，其余部位纯素，与"商瞿父鼎"相类。

（2）商子鼎

"商子鼎"，王氏案："是器，字画简古，必周以前物。三面为饕餮状，足作垂花，而古色凝绿，在商器中稍加文，盖其盛时物也。"

卷四

（3）周百乳方鼎

"周百乳方鼎"二器，皆为立耳长方体柱足式方鼎，双耳，四柱足。王氏案："右二器，方之诸鼎，特为高大。所同者，周以乳形，纯缘之下，环以饕餮。"

（4）周蝉纹鼎一

"周蝉纹鼎一"为斜立双耳深腹柱足圆鼎，纯缘之下饰饕餮纹带。王氏案："右前一器，形制类'乙毛鼎'，饰以饕餮，间之雷篆，下以蝉纹状垂花之形。"《西清古鉴》载"周蝉纹鼎"四器，唯第一器蹄足上部饰兽面似饕餮纹，其余三器皆无饕餮纹，悉与宋代器图著录的同名鼎有别。

卷十二

（5）商车爵

"商车爵"为圆底圆体高杯式爵，流、尾长度相当，有柱有鋬，杯壁较直，三锥足较长，器腹饰饕餮纹，图不清晰。王氏案："以牛首为鋬，柱上加云纹，流、尾与足并皆纯素，两面作饕餮，而雷纹间之。"

（6）商秉仲爵

"商秉仲爵"与"商车爵"形制相仿，但錾无兽首饰，王氏案："是器，流、尾与足纯素无纹，两边作饕餮状，间以云雷。"

（7）商尊癸爵

"商尊癸爵"为圆底圆体短杯式爵，流、尾长度相当，有柱有錾，杯壁较直，器腹起扉棱，饰饕餮纹。王氏案："是器，两面作饕餮，而间以云雷，上为山形，以牛首为錾，三足纯素，柱上复作云纹。铭、饰简古，真周以前物也！"

卷十五

（8）周山斝

"周山斝"为侈口束颈垂腹式斝，有柱有錾，三锥足。纯缘之下颈部饰饕餮纹带。王氏案："是器，錾、足纯素，腹布山纹，间以云雷、饕餮。爵、斝所以从尊，昔有'山尊'，而今有'山斝'，宜是斝乃从于'山尊'之器也。其象山之义，盖具于山尊矣。考其形制，周器也。"

（9）周盘夔斝

"周盘夔斝"为宽体侈口分段圆底式斝，有柱有錾，三锥足，器腹纹饰似饕餮纹，王氏对此亦有推断："斝之属，大略如爵，差大而无流耳。其两柱植立在上，而下有三足，亦同焉。腹、足间作雷纹，若饕餮，不一等，盖设饰惟宜而已。此'盘夔'亦其类也。"

（10）商女乙觚

"商女乙觚"二器，为低体细腰式觚，圈足上部有较小的十字孔，全器纹饰繁缛。王氏案："是器，脰刻四山，腹、足间作散云，布为饕餮面目。云梢蟠细缕宛转相间。盖从云雷生气，所谓刻画云气也。与

73

'已举爵'文正同，所以皆为饮器。而足间有稜，可握可拱者，是臣拜君酢，朝服而跪，受酢，俛身而饮，仰而尽，奠于地而复拜。与圭、筞（阙）用，而礼容便具。则一器之所该，使圣人制器之意，可思过半。故曰'觚'者，法度之器也，庸可忽哉？韩非子曰：'禹作祭器，而觞酌有彩。'其腰间有可缩系处。上为四虫，所谓小虫为雕琢也。"

卷十八

（11）商父乙甗

"商父乙甗"为侈口立耳深腹柱足式甗。王氏案："是器，纯缘之外三面作雷电、饕餮，而隔、腹皆不加文饰，为商物也。"纯缘下纹饰带不甚清晰。

二、饕餮纹寓意的传统观点解析

传统的饕餮纹之名，源于《吕氏春秋》的界定："周鼎著饕餮，有首无身，食人未咽，害及其身，以言报更也，为不善亦然。"[1]此则文献是迄今所见第一则把"饕餮"名称与礼器纹饰形象联系在一起的历史记录。晋代郭璞注《山海经》，认为青铜器上铸刻的兽面形象就是《春秋左传》所言的"饕餮"，即"为物贪淋，食人未尽，还害其身，像在夏鼎，《左传》所谓饕餮是也"[2]。此则文献虽然进一步确证了"饕餮"名称与礼器图像的同一关系，但"像在夏鼎"的结论与《吕氏春秋》"周鼎著饕餮"的观点明显不同。把"饕餮"之像见诸鼎彝的时间大大提前，并非郭氏的臆测，而是同样可以得到《左传》文献的支持。宋人对此亦有分析，下文详论。清代吴任臣的《山海经广注》在肯定郭璞注释

---

① 《吕氏春秋·先识》，《诸子集成》本。
② 《山海经·北山经》，《山海经校注》卷三。

的基础上，再次确认了"《宣和博古图》古器多篆云雷、饕餮之形"①。

　　上述文献之于古器图录学的意义，在于证明了历代学者皆认为先秦文献对"饕餮"故事的记述不伪，肯定了该事物的存在，并确认了"饕餮"名称、形象、气韵与礼器纹饰的一致性关系。虽然《吕氏春秋》的描述除概括出饕餮纹"有首无身"的形象特点之外，并未说明其他细节，却从两个方面阐发了对此纹饰内蕴含义的理解：其一，"食人未咽"是饕餮自不量力的贪婪之举；其二，"害及其身"体现了恶有恶报的结果，并以"为不善亦然"警世。然而，饕餮纹狰狞怪异，神秘的形象缘何而来，又何以在祭祀礼器上广为应用；饕餮故事充满了浓郁的传奇色彩，是否曲折地反映着一段上古的历史；饕餮名称与鼎彝纹饰确实建立了联系，但促成两者联系的内在文化基础又是什麽，等等。对此诸多问题，古代学者并未进行逐本溯源的探索，这些悬而未决的问题也成为今人值得研究的课题。

　　北宋朝野搜求古器蔚然成风，在传统古器学的基础上，器物图录、叙录学应运而生。《考古图》与《宣和博古图》所表达的观点，集中体现了宋人著录器图的主旨以及对各类古器的认识。王黼著录"商象形饕餮鼎"之后的案语（见于前文）是解读宋人理解饕餮纹意义的重要文献。宋人关于饕餮纹的定名，承袭《吕氏春秋》之见；关于饕餮纹始用于鼎的时期断限，则信从《左传》之说，以夏代为确，同时指出了夏、商、周三代之礼一脉相承的渊源关系。青铜鼎在原始社会新石器时代的陶器型模基础上发展而来，此则文献所论之夏鼎，显然是指以青铜为质的礼器，而非陶鼎。夏代铸造青铜器，绝非虚妄之言，已为现代考古出土的器物所证实。河南偃师二里头出土的夏代晚期网格

---

① 文渊阁《四库全书》本《山海经广注》，卷三。

纹鼎是"迄今为止发现的中国青铜器中时代最早的一件铜器"①。器身仅以交叉斜线构成的宽网格为饰，尽显上古朴拙之风。然而，不可据此认定夏鼎不可以铸刻更为复杂的纹饰。原因有三：其一，新石器时代繁复多姿的彩陶纹饰已经展现出先民绘画复杂纹饰的能力，而彩陶图案是青铜器纹饰设计的基础与图像来源之一。其二，原始玉器上已见饕餮纹的雏形，证明其纹样于夏代已经形貌初具。其三，商代青铜器上的饕餮纹已是成熟的形式，不可能一蹴而就，必然经历了漫长的嬗变过程。因此，宋人援引《左传》文献以证饕餮纹始于夏代是颇有见地的。而在夏代，青铜礼器上铸刻的诸类纹饰，已多与政治王权密切相关。著名的楚子问鼎事件原文如下：

> （宣公三年）楚子伐陆浑之戎，遂至于雒，观兵于周疆。定王使王孙满劳楚子。楚子问鼎之大小轻重焉。对曰："在德，不在鼎。昔，夏之方有德也。远方图物，贡金九牧，铸鼎象物，百物而为之备。使民知神奸，故民入川泽山林，不逢不若，螭魅罔两，莫能逢之。用能协于上下，以承天休。……"（《十三经注疏·春秋左传正义》，卷二十一）

楚子所问之鼎，显然已不是作为饪食器或盛食器的日常用具，而是作为王权象征的国之礼器。楚庄王向周大夫王孙满询问鼎的细节，不臣之心已昭然若揭。王孙满的回答为彼时世人所共识，即禹铸青铜鼎，其事不伪，且"铸鼎象物"的观念成于夏代，《史记》亦载"禹收九牧之金，铸九鼎"②。鼎上纹饰颇为丰富，"百物而为之备"，而"铸鼎象物"的重要

---

① 中国青铜器全集（第一卷 夏商）[M]. 北京：文物出版社，1996（7）：1.
② 《史记·孝武本纪》，《二十五史》本，卷十二。

意义之一，即是震慑鬼魅，护佑生灵，达到稳固统治的终极目的。

至于鼎彝铸刻饕餮纹的寓意，宋人以为其要在于惩贪示戒，劝人向善，并防患于未然。如《考古图》对"癸鼎"饰饕餮纹的解读与《宣和博古图》对"周文王鼎"饰饕餮纹的阐释，除一字之别外，用词及语意完全一致，即"古者，铸鼎象物以知神奸，鼎设此象，盖示饮食之戒"①。再如，饕餮纹在除鼎以外的食器、酒器上亦广为应用，且寓意相同，《宣和博古图》载"周饕餮觯"，以饕餮纹作为器腹的主要装饰。王氏案："夫觯，在饮器中所取最寡。然，昔人于此防闲其沉湎淫佚，犹以饕餮示其训。则知列鼎盛馔未尝不有戒心，此亦先王慎微之意焉。"②又如，对"周盘云饕餮瓶"的训释："饰以饕餮，所以思患，豫防之义存焉。"③"周饕餮贯珠鬲"所饰的饕餮纹窄带，显示了饕餮纹发展到后期的特点，是鲜明的西周风格，王氏案："古之鼎彝之属，多著饕餮，盖饮食人之大欲存焉，苟无以防其未然，则亦何所不至耶？"④上述文献不仅是宋人解读鼎彝铸刻饕餮纹寓意的代表性观点，而且也是对饕餮纹与食器、酒器关系，以及与饮食行为关系的直接阐述，即认为饕餮纹铸之食器、酒器，能够起到有效节制贪食豪饮欲望的作用，体现了礼要求人们行为适度的原则。由此，无论纹饰命名，还是意义阐发，自宋以降皆秉承此论，上述观点遂成为对饕餮纹寓意约定俗成的标准训释。

宋人显然已经注意到饕餮纹与其他动物纹饰在表现风格上存在着巨大差异。因此，在命名、归类的同时，对饕餮纹铸之鼎彝的文化寓意多有说明，即如《考古图》与《宣和博古图》所明确提出的惩贪示戒、

---

① 文渊阁《四库全书》本《宣和博古图》，卷二。
② 同上，卷十六。
③ 同上，卷十八。
④ 同上，卷十九。

防患于未然的警世之说。古器学于北宋勃兴，宋人的见解本身就是古器学以及图录、叙录学发展过程中值得研究的内容，宋人对饕餮纹的解说作为该纹饰文化含义阐释的组成部分之一，是纹饰研究学术史发展的重要环节。商周礼器是中国古代政治文明发展到一定阶段的产物，尤其是在被后世公认为治世理想的西周时代，完备的礼制规范着世人的言行。因此，宋人认为青铜器上铸刻的纹饰体现着礼的要求，"昔人即器以寓意，即意以见礼，即礼以示戒者如此"，即"器物是礼的载体"意义的明确表达，也是宋人热衷于古器著录、传承礼制文化的目的所在。宋人在此基础上阐发饕餮纹的意义的确具有合理性，却也未必尽显饕餮纹的原初本意。宋人由古器探求三代之礼而做出的纹饰寓意阐释，虽然传递着大量的上古文化信息，但同时也表达着对整肃现实社会礼法秩序的强烈愿望。因此，不可避免地包蕴着文化增殖的解说成分。

　　事实上，若以"食人未咽"描述饕餮纹之所以表现为狰狞凶残的可怖样貌更为恰切，而且惩贪示戒的警世说虽然可以解释饕餮纹含义的一个方面，却无法囊括其全部的文化特质。因此，对饕餮纹文化意义的阐发需要逐本溯源详加探讨。

三、饕餮纹意义的文化源流考释 [①]

　　"国之大事，在祀与戎" [②]，祭祀与征伐是古人政治生活中最为重要的事件，配合严肃、庄重的仪式所陈列的青铜礼器，与其说是营造祭祀氛围的工具，不如说是协助致祭者表达意愿的无声语言。因此，礼器上的纹饰不仅起到美化器物的装饰作用，而且体现着笃信神灵存在

---

① 本小节内容刊于《社会科学战线》（2010年第1期），收录于此，已做修改。
② 《十三经注疏·春秋左传正义》，卷二十七。

的信仰与渴望得到护佑的希冀。饕餮纹一度长期占据着商周青铜礼器纹饰的主流地位，显然是符合彼时现实需要的产物。本节从以下四个方面考证饕餮纹意义生成的具体过程。

　　第一，"饕餮"作为上古缙云氏部族的别号而见诸典籍。该部族生性凶残，被虞舜流放戍边，进而成为力量的象征而具有护佑功能。

　　《尚书·虞书·舜典》记载了自唐尧时代即已为患天下的四凶族名称，以及虞舜对四凶族的惩处办法：

　　　　（虞舜）流共工于幽洲，放驩兜于崇山，窜三苗于三危，殛鲧于羽山，四罪而天下咸服。（《十三经注疏·尚书正义》，卷三）

汉孔安国《传》云：

　　　　三苗，国名，缙云氏之后，为诸侯，号饕餮。三危，西裔。（同上）

唐孔颖达《正义》曰：

　　　　昭元年《左传》说自古诸侯不用王命者，"虞有三苗，夏有观扈"，知"三苗"是国，其国以"三苗"为名，非三国也。杜预言"三苗地阙，不知其处"。三凶皆是王臣，则三苗亦应是诸夏之国入仕王朝者也。文十八年《左传》言："缙云氏有不才子，贪于饮食，冒于货贿；侵欲崇侈，不可盈厌；聚敛积实，不知纪极；不分孤寡，不恤穷匮。天下之民以比三凶，谓之饕餮。"即此三苗是也。知其然者，以《左传》说此事言："舜臣尧，流

79

四凶族浑敦、穷奇、梼杌、饕餮，投诸四裔，以御螭魅。"谓此
驩兜、共工、三苗与鲧也。虽知彼言四凶，此等四人，但名不
同，莫知孰是，惟当验其行迹，以别其人。《左传》说穷奇之行
云"靖谮庸回"，《尧典》言共工之行云"静言庸违"，其事既同，
知穷奇是共工也。《左传》说浑敦之行云"丑类恶物，是与比
周"，《尧典》言"驩兜荐举共工，与恶比周"，知浑敦是驩兜也。
《左传》说梼杌之行言"不可教训，不知话言，傲狠明德，以乱
天常"，《尧典》言鲧之行云"咈哉，方命圮族"，其事既同，知
梼杌是鲧也。惟三苗之行《尧典》无文，郑玄具引《左传》之
文乃云："命驩兜举共工，则驩兜为浑敦也，共工为穷奇也，鲧
为梼杌也，而三苗为饕餮亦可知。"是先儒以书传相考，知三苗
是饕餮也。《禹贡·雍州》言"三危既宅，三苗丕叙"，知三危
是西裔也。（同上）

孔颖达引证的《左传》故事原文如下，此则文献更为清楚地交代了虞
舜流放四凶族戍边的目的：

> 缙云氏有不才子，贪于饮食，冒于货贿；侵欲崇侈，不可
> 盈厌；聚敛积实，不知纪极；不分孤寡，不恤穷匮。天下之民
> 以比三凶，谓之饕餮。舜臣尧，宾于四门，流四凶族，浑敦、
> 穷奇、梼杌、饕餮，投诸四裔以御螭魅。（《十三经注疏·春秋
> 左传正义》，卷二十）

晋杜预《注》追溯了缙云氏部族的身世由来：

缙云，黄帝时官名。……非帝王子孙，故别以比三凶。……贪财为饕，贪食为餮。……放之四远，使当螭魅之灾。螭魅，山林异气所生，为人害者。（同上）

唐孔颖达《正义》曰：

昭十七年《传》称：黄帝以"云"名官，故知"缙云"黄帝时官名。……服虔云："夏官为缙云氏。"……《舜典》云："流共工于幽州，放驩兜于崇山，窜三苗于三危，殛鲧于羽山。四罪而天下咸服。"孔安国云："幽州北裔，崇山南裔，三危西裔，羽山东裔。在海中，是放之四方之远处。螭魅若欲害人，则使此四者当彼螭魅之灾，令代善人受害也。"（同上）

孔疏亦引王孙满论鼎事，前文已引《左传》故事，此处从略。鼎作为王权象征，需要彰显威严，结合饕餮行状，饕餮纹是与之气韵相合的纹饰。

《尚书》是司马迁撰写《史记》上古及三代历史的重要文献依据，虽为同源史料，但结合三家注的阐释，可进一步深化对上古帝王世系及对此段传说古史的认识，而且杜预注《左传》也以《史记》作为重要依据。《史记·五帝本纪》关于饕餮的记载如下：

三苗在江淮、荆州，数为乱。于是，舜归而言于帝（尧），请流共工于幽陵，以变北狄；放驩兜于崇山，以变南蛮；窜三苗于三危，以变西戎；殛鲧于羽山，以变东夷：四罪而天下咸服。（《二十五史》本，卷一）

同卷亦载：

> 昔，帝鸿氏有不才子，掩义隐贼，好行凶慝，天下谓之浑
> 沌。少皞氏有不才子，毁信恶忠，崇饰恶言，天下谓之穷奇。
> 颛顼氏有不才子，不可教训，不知话言，天下谓之梼杌。此三
> 族世忧之。至于尧，尧未能去。缙云氏有不才子，贪于饮食，
> 冒于货贿，天下谓之饕餮，天下恶之，比之三凶。舜宾于四门，
> 乃流四凶族，迁于四裔，以御螭魅，于是四门辟，言毋凶人也。
> （同上）

宋裴骃《集解》引贾逵曰："缙云氏，姜姓也，炎帝之苗裔，当黄帝时
任缙云之官也。"① 依照裴骃之说，"缙云氏"原为姜姓部族，是炎帝的
后裔。"缙云"是黄帝时的官名，或以姜姓部族的首领担任此职，而称
其部族为"缙云氏"。因此，"缙云氏"是以官职命名的部族称谓。缙
云氏拥有自己的属地，原本占据着上古江淮、荆州之地，其国名为"三
苗"。以"饕餮"设喻，比况缙云氏"不才子"的恶劣行径，说明"饕餮"
一词早于"不才子"而存在，甚至可能于黄帝时代已经出现，而据今
可见的文献表明，缙云氏部族被明确冠以"饕餮"之号应始于唐尧之
世，因与浑沌、穷奇、梼杌三族并称"四凶"而名噪当时。至于"四凶"
的身份，《尚书》孔颖达《正义》认为"三凶皆是王臣，则三苗亦应是
诸夏之国入仕王朝者也"，是颇具可能性的推论。依照《史记》的记述，
浑沌、穷奇与梼杌应早于饕餮而存在，"此三族世忧之。至于尧，尧未

---

① 《史记·五帝本纪》，《二十五史》本，卷一。

能去"，而晚出的饕餮可"比之三凶"，当时为祸甚重乃至"天下恶之"，帝尧采纳了舜的建议才找到行之有效的方法惩治"四凶"。因此，实现对四凶族的治理虽然发生在唐尧时代，却应归功于虞舜。四凶族的共性是凶残暴虐，虞舜"流四凶族，迁于四裔，以御螭魅"的做法实有"一箭双雕"之效果，不仅肃清了中原之乱，而且并非单纯的"以暴制暴"，以训释"窜三苗于三危，以变西戎"之"变"字为例，可见虞舜的治政方略，《史记·五帝本纪》裴骃《集解》引：

> 徐广曰："变，一作'燮'。"

又唐司马贞《索隐》说：

> 变，谓变其形及衣服，同于夷狄也。徐广云作"燮"。燮，和也。

又唐张守节《正义》：

> 言四凶流四裔，各于四夷放共工等为中国之风俗也。

（《二十五史》本《史记》，卷一）

由是观之，虞舜一方面使四凶与四夷风俗融合，另一方面又以对抗"螭魅之灾"作为对四凶的惩罚，同时也以四凶之恶震慑四夷之恶，达到护卫中原的目的。舜对三苗的治理尤为重视，在接受了尧的禅让之后，又采取了"分北三苗"[①]的政策，即宋裴骃《集解》引郑玄曰："所窜三苗为西裔诸侯者尤为恶，乃复分析流之"[②]。也正因为饕餮最恶，最难以制服，惩处得当却可趋利避害，于是"饕餮"遂成为力量的象征，蕴

[①]《史记·五帝本纪》，《二十五史》本，卷一。

[②] 同上。

含着护佑的寓意。

第二，"饕餮"被赋予凶狠怪异的样貌，与经史载其强劲有力的特点相吻合，虽然铸刻于鼎彝之上的纹饰与文献记述的形象有别，但始终保留了饕餮纹神异的色彩与狰狞可怖的气韵。

《山海经》对饕餮的形貌、声音做了具体的描述：

> 又北三百五十里，曰钩吾之山，其上多玉，其下多铜。有兽焉，其状如羊身人面，其目在腋下，虎齿人爪，其音如婴儿，名曰狍鸮，是食人。（《山海经校注》，卷三《北山经》）

商代与西周前期青铜器上的饕餮纹常铸于器身主体的显著位置，并以铸于器腹为多，而且双目尤为突出。《山海经》所描述的饕餮形象，最为奇特怪异之处即是兽目长于腋下，这与鼎彝上铸刻饕餮纹的位置，以及凸显双目的特点亦相契合。宋黄伯思已经认识到这正是传说中饕餮的神异形象在器物上得以反映的关键，此观点在《东观余论》中有具体的表述：

> 饕餮之为物，食人未尽，还啮其躯，又其目在腋下，《山经》所谓"狍鸮"者，故多以饰器之腋腹，象其本形，示为食戒。（文渊阁《四库全书》本，卷上）

以古器图录载器相印证，《考古图》与《宣和博古图》所绘器图，虽然不及现代照相技术可以纤毫毕显地反映器物的细节，但在最大限度地如实反映器物形制与纹饰样貌的同时，更加强调对纹饰主体特征的凸显，以强化观者的印象。考察古代器图所绘之饕餮纹，如《宣和博古图》所载之"商象形饕餮鼎""商立戈父甲鼎""周饕餮壶尊""周饕餮卣""周饕餮觯""周饕餮瓿"等，所展现的图像正是饕餮纹具有代表性的不同表现形态。

第三，商周青铜器上的饕餮纹并非原初形象，其基本纹样于原始社会已经出现。玉质礼器上已多见应用。其雕刻手法虽然简约，但线条勾勒的方法、凸显兽目的特点以及狰狞的风格，皆为商周青铜器上饕餮纹的雏形。礼玉作为通灵的圣物而用于祭祀酬神，根据纹饰寓意与器物功用配合一致的原则，饕餮纹也同样具备了与神通感的意义。

玉器在原始宗教的礼仪程序中是不可或缺的重要礼器，其礼仪功能于商周时期发展得更加完备。《周礼·春官·大宗伯》载："以玉作六器，以礼天地四方。以苍璧礼天，以黄琮礼地，以青圭礼东方，以赤璋礼南方，以白琥礼西方，以玄璜礼北方。"[①]这是以玉礼神的明证，而玉上纹饰也由此获得了通灵的意义。三代青铜器上的饕餮纹则是对此意义的继承与延伸。

青铜器饕餮纹的盛行时期正是"事鬼敬神"的原始宗教占主导地位的商代，这也正是饕餮纹通灵意义得以传承的社会基础。诚如《礼记·表记》所言：

　　子曰："夏道尊命，事鬼敬神而远之，近人而忠焉。先禄而后威，先赏而后罚，亲而不尊。……殷人尊神，率民以事神，先鬼而后礼，先罚而后赏，尊而不亲。……周人尊礼尚施，事鬼敬神而远之，近人而忠焉。其赏罚用爵列，亲而不尊。……"（《十三经注疏·礼记正义》，卷五十四）

---

① 《十三经注疏·周礼注疏》，卷十八。

三代社会的宗教主导思想存在差异，尤其是在诸多政治事件中体现出不同的决策准则，即"夏道尊命""殷人尊神""周人尊礼尚施"。夏、商、周三代文化一脉相承，皆"事鬼敬神"，并对鬼神始终保持着很高的信崇程度，然而在与鬼神沟通的心理距离、处事方式以及所产生的社会效应方面是颇为不同的。商人与鬼神的关系最为密切，以"敬鬼事神"作为王朝政治的头等大事，而对鬼神的信仰必先以相信鬼神的存在为思想基础，以笃信可以实现人与鬼神的沟通为前提，基于此而产生的礼仪程序即是与鬼神沟通的有效方式。以礼器敬神的同时，兼具通神的效用，并通过铸刻于器身的纹饰彰显寓意。而此纹饰自然也具有了与神沟通的意义，并配合祭祀场合的需要，营造出庄严凝重的气氛。因此，膜拜礼器的同时，也在膜拜礼器上的纹饰，纹饰与礼器同样具有神圣的性质，商代鼎彝大量使用的饕餮纹也在其列。

第四，饕餮纹虽然样貌狰狞，但在彰显王权的威严与震慑力方面却颇见成效。如前文所论，禹铸九鼎即已见其形象，不仅可吓退魑魅，而且也令人望而生畏。饕餮纹与凤鸟纹饰的对比，可以证明青铜器纹饰以两种截然不同的寓意方式展现礼的庄严性。

源于想象的凤鸟形象起源甚早，西周青铜上凤鸟纹饰频繁出现，尤其是长冠凤鸟纹饰的发展与应用，说明周人对凤鸟的礼赞达到新的高度。饕餮纹与凤纹的铸刻手法不同，前者抽象遒劲，后者繁缛华美；观感也大相径庭，前者凶恶可怖，后者平和吉祥。虽然由此引起的心理反应迥异，象征威力与尊严却是二者之共性。

纹饰风格的差异只是表面现象，本质上体现着不同的寓意方式，而其主旨却是完全一致的，即彰显礼的神圣性与庄严性，实现礼的教化与约束意义。亦如佛陀教导世人所用的两种方法，一曰"折服"，一曰"摄受"。前者以威猛严厉的方式调伏众生；后者以慈悲善诱的方式教导众生。虽然两者的施教方法迥然相异，但皆以教化众生为目的。佛教于东汉时期由印度正式传入中土，虽然商周青铜纹饰的铸刻远远早于佛教的传入时期，但以寓意施教的方法是具有共通性的，其阐释也极具借鉴性，即器物纹饰同样可以类似"折服"与"摄受"的不同表现方式传达寓意，达到引人向善的终极目的。如果说凤鸟纹饰是以祥和宽仁的姿态示人，饕餮纹则以凝重严厉的形象示戒。晋杜预训释"饕餮"之意即"贪财为饕，贪食为餮"[①]，青铜礼器上铸刻的饕餮纹尤以铸刻于食器、酒器为多，宋人融合了渴求完善现实政治制度的时代主张，进而形成了对饕餮纹的礼法意义阐释。而此现象本质上又一次完成了对饕餮纹本源意义的文化增殖。

四、结语

虽然最终呈现于世人面前的阐释掩盖了每一次意义增殖的痕迹，甚至曲折复杂的嬗变过程早已使事物的原意淡化无踪，但原意作为事件意义的起点，始终是文化嬗变的根基，"逐本溯源"也正是厘清事件来龙去脉的过程。

本章分类整理了北宋《考古图》与《宣和博古图》中所有以饕餮纹为装饰的器物，并对其所包含的相关文化信息做出了必要的阐发，同时结合后世图录文献与现代考古研究，对饕餮纹的文化源流进行了系统的梳理，对其文化意义的生成过程以及寓意内涵详加考证。

宋人对饕餮纹寓意的阐释，是建立在先秦文献的基础上，经晋人确证后，融入了追溯西周礼制的宏愿而形成的解说，并被清人直接继

---

① 《十三经注疏·春秋左传正义》，卷二十。

承。其理论固然是表述清晰且具有合理性的结论，却也因此而过滤掉了每一次文化增殖的过程，使探究饕餮纹的原初本意变得更加艰难。

简言之，饕餮纹文化意义的生成过程，包含了以下要点。其一，"饕餮"与其说是上古缙云氏部族的别号，不如说是以贬义的绰号作为该部族的代称。因其民凶残暴虐，虞舜流其族于西裔，以御魑魅，由此衍生出"饕餮"的护佑功能。其二，与其恶行相匹配的形象，是威猛凶狠的怪兽，演化为力量的象征。其三，由原始礼玉素来被认为是通灵的圣物，进而推知与其礼神性质一致的饕餮纹，同样具有通灵的意义。商周时代显然认同饕餮纹的通灵意义，遂将其形貌铸之鼎彝。其四，饕餮纹虽然相貌狰狞可怖，却尽显威仪，与礼的庄严性相合不悖。饕餮纹极具震慑力的视觉效果，使人产生强大的心理压力，从而形成对自身行为自觉的约束力，宋人富含礼法意义的解说亦由此形成。

第三章　火纹文化意义考源

导言

　　火纹是行用时间很长的古老纹饰，新石器时代的陶器上已见其图像，青铜器上的火纹自夏代晚期至战国时期未曾间断[①]，尤其是在商周时代的食器与酒器中广为应用。火纹由简至繁不乏变化，于商代早期已是成熟的样式，商代晚期至西周早期尤为盛行。就器类而言，见用的食器主要有鼎、簋、甗、豆，酒器主要有斝、觯、尊、彝、卣、罍、盉。

火龙纹罍（局部　西周中期）

① 马承源.中国青铜器（修订本）[M].上海：上海古籍出版社，2003（1）：330，参见第三章"青铜器的纹饰"。

　　宏观上看，火纹是整体较大的圆形纹饰（如上图）。由局部细节观之，大圆周之内，以中心小圆圈为核心，以向外辐射的弧线象征跃动的火焰，表达火球的概念。传统上指称此类纹饰有"火纹"与"涡纹"两个名称①。在现代刊布的《中国青铜器全集》的文字描述中，依然两说并存，用于食器常称"火纹"，用于酒器则称"涡纹"。虽然"图版说明"并未对此现象做出解释，但同形异名的情况恰反映出纹饰与器类存在着对应关系。不同类型的器物上所铸刻的纹饰是具有选择性的，而具有鲜明意义指向的主题纹饰与辅助纹饰也都有各自适用的器物类型。决定不同类型的器物具体使用何种纹饰的标准，即是纹饰与器物的文化内涵应相合不悖。无论食器上的"火纹"，还是酒器上的"涡纹"，即便作为陪衬性的辅助纹饰出现，也并非如同普适性的简单几何纹一样仅起装饰作用，而其中包蕴的文化深意正是本章研究的重点。

　　对于"火纹"与"涡纹"同形异名的情况最容易得出以下两种结论：一种观点认为，火可以烧熟食物，温热酒浆，故铸火形于食器、酒器，同形异名的现象只是尊重传统的约定俗成，无须深究；另一种观点认为，此纹饰本身的形象即可引发出两种不同的联想事物，一是燃烧的火焰，一是倾注酒浆形成的水涡，为配合食器与酒器的不同用途，故各有所称。以上两种解说，或就用器常识做出阐释，或就纹饰观感加以定名，似乎颇有道理，也的确堪备一说，但若深入探讨，则会发现这些只是肤浅的表面现象。实际上，即便酒器上的"涡纹"仍然表达的是火的含义，而阴阳观念才是铸火纹于酒器的核心所在。

　　通过古器图录、实器遗存与传世文献的综合研究，本书认为礼器、服饰等之所以将"火以圆"作为绘制火纹图像的标准，直观原因是取

―――――――

①　火纹亦称"囧纹"。囧，训义为明亮，与火纹同义。涡纹，或称"圆涡纹"，亦指称一事。

象于日，深层原因则是以神话传说为文化支持，以圆道周流的哲学思想为主要理论依据。阴阳相合的基本原则与五行观念是铸火纹于酒器的根本原因，而以火纹示戒的寓意也是符合礼制内涵的解说。

一、北宋古器图录中火纹所饰器物综览

（一）《考古图》中火纹所饰器物

（1）卷四 龙纹三耳卣（鄱阳法相院）

右得于彭泽马山洞穴中。量度未考，无铭识。

按，此器亦三耳，与"乐司徒卣"相类，但文缛而烦差细。

今法相院僧传摹其器以示人。有误指为陶渊明酒壶。

【案】此器肩饰火纹，形制非卣，应为大口束颈广肩式罍。

（2）卷四 三耳大壶（秘阁）

　　右不知所从得。高二尺五寸，深二尺，径八寸八分，容一斛。

【案】此器相对高大。依其形制，束颈广肩深腹圈足式，冠名为罍更为恰当。

（二）《宣和博古图》中火纹所饰器物

1. 食器

（1）卷一　商象形鼎

火纹鼎（商代晚期）

　　右高六寸九分，耳高一寸六分，阔一寸五分，深四寸一分，口径五寸八分，腹径六寸四分，容四升，重三斤六两，三足，铭一字。制作精纯，与"商辛鼎"无异。凡鼎之铭有曰"尊鼎"，有曰"尊彝"，而此独以"𣇃"为志者，考诸鼎字，于"雍公缄鼎"作"鼎"，于"大夫始鼎"作"鼎"，于"得鼎"作"鼎"，字画变易无常，而"汉鼎"又作"鼎"，其下体颇与此近，深意其为"鼎"字，且"鼎"字上以二"一"，而"〇"之下从析木。一阴一阳之谓道。鼎者，器也，而道寓焉。一则成象，一则效法，故以二"一"。以木巽火，烹饪也，故从析木。此鼎其文虽

异，而下皆左右庚有析木之意，深得古书之体。著此铭者，古
人所以正名也。以《易》考之，"革去故，鼎取新"，又见其"新
新不穷"之义。

【案】此器为深腹柱足式圆鼎。"一阴一阳之谓道"语出《周易·系
辞》。阴阳是由太极而生出的两仪，阴阳的变动是万事万物变化的根
源，也是中国古典哲学理论的思想基础。以此鼎为例，宋人从铭文造
字结构入手，分析鼎的阴阳寓意。实际上，鼎的形制及纹饰也都体现
着深刻的阴阳调和观念。一方面，双耳为阴，三足为阳；另一方面，鼎
内加水煮物，鼎外以火加热，水为阴，火为阳，鼎饰火纹亦取义于此。
食器上铸火纹，以鼎、簋最为常见，河南安阳小屯18号墓出土的"火
纹鼎"（如上右图）极具代表性。

（2）卷四　周饕餮鼎

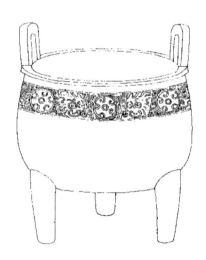

　　右高八寸九分，耳高一寸八分，阔二寸三分，深五寸九分，
口径八寸一分，腹径九寸一分，容一斗一升有半，重九斤四两，
三足，无铭。素耳，直足，不设文饰，纯缘作雷篆，间以饕餮
之状。虽无款识以稽考世次，盖周初器也，犹有商之遗风焉。

【案】此器为宽体深腹柱足式圆鼎。《宣和博古图》中饰有火纹的器物数量不多，但所涉及的器类，即鼎、簋、罍、斝，以及火纹图案都极具代表性。迄今可见的古器遗存皆有同类器物堪为佐证。

（3）卷八　周蟠夔直纹彝

　　　右高五寸，深三寸九分，口径六寸九分，腹径六寸五分，容四升七合，重五斤四两，两耳，有珥，无铭。是器，纯缘下饰以蟠夔，腹间密布直纹，如疏棂。设饰简妙，而制作去商为未远，大概与"商云雷宝彝"略相类耳。

【案】此器为侈口束颈兽首耳高圈足式簋。器腹遍饰纵向直条纹，颈部与圈足上皆饰火纹，彼此呼应，纹饰布局谨然、庄重。此簋形制及纹饰布局在商周食器中十分普遍，河南濬县辛村卫侯墓地出土的"康侯簋"（如下左图），现藏于英国不列颠博物馆，为西周早期制器。"腹部为单一的直条纹，颈和圈足为火纹与四瓣目纹相间排列，颈部两面中央又有突起的小兽首"[1]，这些特征与《宣和博古图》所载此"周蟠夔直纹彝"极为相似。

---

① 中国青铜器全集（第六卷　西周）[M]. 北京：文物出版社，1996（7）：10.

康侯簋（西周早期）　　　　　　　　佣生簋（西周恭王时期）

需要说明的是簋下部连方座的情况在西周尤其常见，如上海博物馆藏西周恭王时期的"佣生簋"（如上右图）即为一例，此器盖边、口沿、圈足、方座上皆饰火纹，虽与"周蟠夔直纹彝"形制不同，却是火纹与食器具有密切关系的重要代表器。

2.酒器

（1）卷七　周牺首罍（四器）

周牺首罍一　　　　　　　　周牺首罍二

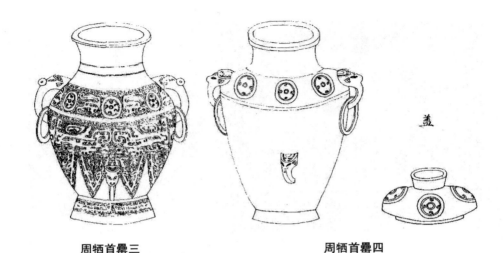

周牺首罍三　　　　　　　　　周牺首罍四

第一器，高一尺四寸，深一尺二寸三分，口径六寸四分，腹径一尺五寸，容二斗八升六合，重十有五斤四两，一鼻，两耳，无铭。

第二器，高一尺二寸九分，深一尺二寸，口径五寸五分，腹径一尺二分，容一斗三升二合，重九斤有半，一鼻，两耳连环，无铭。

第三器，高八寸九分，深七寸三分，口径三寸八分，腹径七寸六分，容六升一合，重四斤十有一两，一鼻，两耳连环，无铭。

第四器，通盖高一尺二寸七分，深九寸八分，口径三寸九分，腹径八寸一分，容一斗三升五合，共重一十斤二两，一鼻，两耳连环，无铭。

右四器，皆以牺首为耳、为鼻，而制作又复相类，故皆以"牺首"名之。然，其不同者，特高、下致饰、色泽、环耳之类，复非一手之制。前三器，腹著饕餮，下作垂花，虫镂隐起，间错云雷。后一器，色赤，无纹。要之，皆周物也，故合之于一律焉。

兽面纹罍（商代晚期）

亚址罍（商代晚期）

兽面纹方罍（商代晚期）

火龙纹罍（西周中期）

　　【案】火纹是罍上使用频率最高的纹饰之一。《宣和博古图》所载"周牺首罍"四器皆为束颈广肩圈足式罍，器肩皆饰火纹也是罍纹饰的常见布局方式。上图所举遗存诸器是商周罍的不同代表形制以及惯用火纹样式。罍为酒或水的主要盛器。铸火纹于其上，尤为阴阳相合观念之佐证。

（2）卷十五　周云雷斝三（共五器，此斝为第三器）

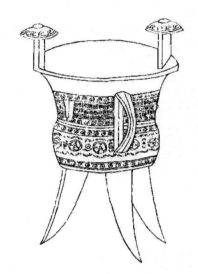

第一器，高一尺二寸二分，深五寸一分，口径七寸四分，容四升有半，重五斤十有二两，两柱，三足，有鋬，无铭。

第二器，高九寸四分，深四寸六分，口径五寸，容一升有半，重二斤十有二两，两柱，三足，有鋬，无铭。

第三器，高九寸八分，深四寸八分，口径五寸四分，容二升一合，重二斤五两，两柱，三足，有鋬，无铭。

第四器，高七寸八分，深三寸三分，口径五寸一分，容一升一合，重一斤十有四两，两柱，三足，有鋬，无铭。

第五器，高六寸一分，深三寸三分，口径四寸一分，容一升三合，重一斤十有一两，两柱，三足，有鋬，无铭。

右五器，著象饕餮，杂以云雷，而足皆作戈以示戒。周《诗》言："洗爵奠斝"，而王安石释之，以谓斝非礼之正，则所以饮之，无所不至。此商曰"斝"，而周兼四代之礼，爵、斝于是乎有辨。然则，于周亦谓之"斝"可也。

兽面纹斝（商代早期）　　　　　　　　兽面纹斝（局部）

【案】此器为宽体分段平底式斝。河南郑州出土的"兽面纹斝"（如上图所示全器与局部），为商早期器，与此"周云雷斝"极为相似。菌钮柱顶饰火纹，是斝的惯用纹饰。"兽面纹斝"器腹环绕七个圆形火纹，是取"火之成数"之意，其文化含义见后文详论。

二、火纹的上古文化缘起

火在人类进化史与文明发展史上的重要意义，主要可以归结为以下三个方面。第一，火带来了光明，驱散了黑暗，客观上延长了人类的活动时间。第二，火带来了温暖，驱散了寒冷。以火取暖是有效的御寒方式，一定程度上降低了严寒天气对人体的伤害。第三，以火烧熟食物，不仅有利于人类肌体器官的进化，而且从文明发展的角度讲，进一步明晰了人与动物的区别。

所有对人类文明发展有重要影响的事物都需要被记录，不仅要诉诸文字，而且也要辅以图像，火也不例外。于是，甲骨文中出现了象形的火字，器物、服饰上也出现了多样的火纹。然而，常识表明，火随物赋形，火苗本身也并非固定的圆形，火势的发展更是由多种因素共同决定，其形态可谓变动不居。然而，迄今可见的三代古器遗存表明，以圆形的火纹最为常见。《周礼·画缋》篇也明确记载着"火以圆"的规定，即火纹要以圆的形态来表现。文献与器物相互印证，足以证明至少在商周时代"火以圆"已经成为一种独特的文化现象。

实际上，火纹的形状取象于太阳，在神话传说中可以寻见火纹的缘起。从畏惧雷击木燃的天火，到有意识地保存自然火种，再到人为的燧木取火，人类对火的认知逐步深化，直到懂得趋利避害地掌控火的应用，经历了漫长的过程。原始先民无法对客观自然现象做出科学的解释，火因此而更具神秘色彩，被认为由神司主。当火成为人们生活中普遍使用的必需之物时，司火之神亦因此而兼具人性。于是，火神便与上古圣君神农氏联系在一起。或许正是在神农氏主政的时代，火得以广泛应用。

宋裴骃《史记集解》引皇甫谧曰："《易》称庖牺氏没，神农氏作，是为炎帝。"[1]庖牺氏即伏羲氏，由此可知，神农氏是继伏羲氏之后的上古帝王。唐张守节《史记正义》引《帝王世纪》云：

> 神农氏，姜姓也。母曰任姒，有蟜氏女，登为少典妃，游华阳，有神龙首，感生炎帝。人身牛首，长于姜水。有圣德，以火德王，故号炎帝。初都陈，又徙鲁。又曰魁隗氏，又曰连山氏，又曰列山氏。（《二十五史》本《史记》，卷一）

---

[1]　《史记·五帝本纪》，《二十五史》本，卷一。

神农氏以任姒感生而诞，具有神异的身世与怪异的样貌，"以火德王"彰显其卓越的政绩，故得号"炎帝"。司火之神并不唯一，如果说奉炎帝为司火的主神，那么祝融就是司火的小辅神了。至于祝融与炎帝的关系，《山海经·海内经》如是说：

> 炎帝之妻，赤水之子听訞生炎居，炎居生节并，节并生戏器，戏器生祝融，祝融降处于江水，生共工，共工生术器。术器首方颠，是复土穰，以处江水。共工生后土，后土生噎鸣。噎鸣生岁十有二。洪水滔天。鲧窃帝之息壤以堙洪水，不待帝命。帝令祝融杀鲧于羽郊。鲧复生禹。帝乃命禹卒布土以定九州。（《山海经校注》本，卷十八）

由炎帝至禹的帝王世系推之，祝融应为炎帝之玄孙。清吴任臣《山海经广注》引《史记正义》云"南方炎帝之佐，兽身人面，乘两龙，应火正也"[1]，对祝融形象做了描述。又引《图赞》曰："祝融火神，云驾龙骖，气御朱明，正阳是舍，作配炎帝，列位于南。"[2]祝融作为炎帝的辅神，亦有司火之职。火神把火种播撒在荆蛮之地，从五行方位的角度讲，南方是火位。汉班固《白虎通义·五行》篇载：

> 火在南方。南方者，阳在上，万物垂枝，火之为言委随也；言万物布施，火之为言化也。阳气用事，万物变化也。……其帝炎帝者，太阳也，其神祝融。祝融者，属续其精为鸟，离为鸾。（文渊阁《四库全书》本，卷上）

---

[1] 文渊阁《四库全书》本《山海经广注》，卷六。

[2] 同上。

屈原自作《远游》篇亦有"祝融戒而跸御兮，腾告鸾鸟迎宓妃"①之句。通过上述文献的记述，可见火的神秘性与远古先民对火的尊崇。

火需要形象的表达，直接与太阳建立了联系，究其要因有三：

第一，太阳释放能量，其色如火，其光如焰，既可带来光明与温暖，也会造成灾难。若遇少雨的旱季，日光则如烈焰灼烧着大地。以下两则神话反映的就是如此极端的情况：

> 汤谷上有扶桑，[扶桑，木也。]②，十日所浴，在黑齿北。居水中，有大木，九日居下枝，一日居上枝。[庄周云："昔者十日并出，草木焦枯。"《淮南子》亦云："尧乃令羿射十日，中其九日，日中乌尽死。"《离骚》所谓"羿焉毕日？乌焉落羽"者也。《归藏郑母经》云："昔者羿善射，毕十日，果毕之。"《汲郡竹书》曰："胤甲即位，居西河，有妖孽，十日并出。"明此自然之异，有自来矣。传曰："天有十日，日之数十。"此云九日居下枝，一日居上枝。《大荒经》又云："一日方至，一日方出。"明天地虽有十日，自使以次第迭出运照，而今俱见，为天下妖灾，故羿禀尧之命，洞其灵诚，仰天控弦，而九日潜退也。假令器用可以激水烈火，精感可以降霜回景，然则羿之铄明离而毙阳乌，未足为难也。若搜之常情，则无理矣。然推之以数，则无往不通。达观之客，宜领其玄致，归之冥会，则逸义无滞，言奇不废矣。]（《山海经校注》，卷九）

> 大荒之中，有山名不句，海水入焉。有系昆之山者，有共工之台，射者不敢北向。[言畏之也。]③有人衣青衣，名曰黄帝

---

① 王泗原.楚辞校释[M].北京：中华书局，2014（7）：322.

② 方括号内为晋郭璞注。

③ 同上。

女魃。[音如旱魃之魃。]蚩尤作兵伐黄帝，黄帝乃令应龙攻之
冀州之野。[冀州，中土也。黄帝亦教虎、豹、熊、罴以与炎帝
战于阪泉之野而灭之，见《史记》。]应龙畜水，蚩尤请风伯雨
师，纵大风雨。黄帝乃下天女曰魃，雨止，遂杀蚩尤。魃不得
复上，所居不雨。[旱气在也。]叔均言之帝，后置之赤水之北。
[远徙之也。]叔均乃为田祖，[主田之官。《诗》云："田祖有神。"]
魃时亡之。[畏见逐也。]所欲逐之者，令曰："神北行！"[向水
位也。]先除水道，决通沟渎。[言逐之必得雨，故见先除水道，
今之逐魃是也。]（《山海经校注》，卷十七）

上引第一则文献，据郭璞《山海经注》引文可知唐尧之世，十日并出。
"有大木，九日居下枝，一日居上枝"的情形，四川广汉三星堆遗址出
土的"青铜神树"有十鸟居之，其创意即源于此则神话。湖南长沙马
王堆汉墓出土的轪侯夫人辛追的非衣帛画上，更有着完全忠实于神话
记载的绘画表现。第二则文献记述了黄帝之女旱魃的威力，魃所到处
即会大旱。两则文献都是华夏先民远古记忆的折射，可以肯定上古时
期的确遭遇过十分严重的旱灾，烈日当头犹如烈焰灼烧。

第二，太阳与火都具有运动的特点。《淮南子·天文训》对太阳东
升西落的规律性运动以及相应的时辰变化，做出了较为完整的归纳：

日出于旸谷，浴于咸池，拂于扶桑，是谓晨明；登于扶桑，
爰始将行，是谓朏明；至于曲阿，是谓旦明；至于会泉，是谓
蚤食；至于桑野，是谓晏食；至于衡阳，是谓隅中；至于昆吾，
是谓正中；至于鸟次，是谓小还；至于悲谷，是谓铺时；至于
女纪，是谓大还；至于渊虞，是谓高春；至于连石，是谓下春；

> 至于悲泉，爰止其女，爰息其马，是谓悬车；至于虞渊，是谓
> 黄昏；至于蒙谷，是谓定昏。日入于虞渊之汜，曙于蒙谷之浦。
> （《诸子集成》本）

《山海经·大荒东经》亦有相关记述，先民认为太阳之所以能够运动，皆因金乌负日，即太阳的精魂本是金羽的三足乌：

> 有谷曰温源谷。[温源即汤谷也。]① 汤谷上有扶木。[扶桑
> 在上。] 一日方至，一日方出,[言交会相代也。] 皆载于乌。[中
> 有三足乌。](《山海经校注》，卷十四）

《淮南子·精神训》亦载："日中有踆乌，而月中有蟾蜍。日月失其行，薄蚀无光。"② 高诱注曰："踆，犹蹲也，谓三足乌。"③ 前文所引的后羿射日故事，亦为太阳真身是三足乌的神话载体之一。四川金沙遗址出土的太阳神鸟金饰堪为金乌负日传说的实物佐证。由此可见，踆乌载日的神话即是太阳运动的解释，炫目的日光即是踆乌扇动金羽的光芒。

第三，太阳对人类的生存具有至关重要的意义，影响着世间万物的荣枯盛衰，又高悬于天空，从而更具神性。拜日，即对太阳的崇拜，是在不同文化发展的早期阶段都曾出现过的文化现象。而以"火德"著称的炎帝即成为华夏上古太阳神的化身，前文所引的《白虎通义》文献即为定论。

综上所述，"火以圆"的外形轮廓直取自太阳，以向外辐射的弧线表现动感，其文化观念皆源于上古，于商周已然定型。

---

① 方括号内为晋郭璞注。
② 据《诸子集成》本。
③ 同上。

三、火纹与圆道周流的哲学思想

火纹是礼器上的重要纹饰之一，即便与其他纹饰组合构图，也以其鲜明的特点而凸显个性。神话传说虽然可以从形制结构上解释"火以圆"与取象于日的渊源关系，但以文化哲学角度观之，仍然缺乏说服力。毕竟火随物赋形，为何独绘圆形而非状他物，并逐渐定型为"火以圆"的传统观念，且最终以圆形的火纹作为铭铸于青铜礼器上的代表纹饰，其寓意必然在文化心理上符合礼的要求。

"火以圆"的形象本质上体现了"圆道周流"的文化哲学思想，这也是火纹内涵的核心意义所在。对此观点的阐释，宋人的论述是最为切近本质的解说，王昭禹云：

> 火其于物也，为神，其体非体，而托于物以为体；其用非用，而因于物以为用。其形虽锐，而其性则圆，而无乎不周，故火以圆。（文渊阁《四库全书》本《周礼详解》，卷三十七）

又《周礼订义》引赵氏①曰：

> 地二生火，其神无方。其体非体，而托于物以为体；其用非用，而因于物以为用。其形虽锐，而性则圆，而无不周。画火难定其形，只得画其性之圆尔。（文渊阁《四库全书》本《周礼订义》，卷七十五）

以上两则文献从火之体、用、性的角度分析"火以圆"的成因。"其形虽锐"，既描述了火焰跃动的特点，也表现出火极具伤害力的弊端，但

---

① 《周礼订义》援引诸家之说，此处"赵氏"指赵溥，字兰江，宋代金华人氏。

继而又说"其性则圆",是指火不择物而熔,即无物不可以燃,足见火之包容性格,以证其品性之宽。形锐性圆,辨证则通,并不矛盾。"无乎不周"是对"圆"的进一步解释,"周"是"圆"最具代表性的特征,在此应训义为遍及,引申为周详。火纹向外辐射的弧线,时刻表现着火焰的动态,昭示着火纹绝非静态的圆周,其中蕴含着运动变化畅通无碍的道理。然而,表示火焰的弧线皆以中心小圆圈为原点向外辐射,有分寸、有规矩地或与外层大圆周相交,并没有超越大圆周的范围,完满地表现着火球的整体。由此可见,火纹之于礼器的意义之一,即在于传达着遵守礼法的要求,在礼许可的范围内变化圆通而不逾规矩。因此,从文化意义生成的角度讲,"火以圆"即以借喻的方式,形象化地表达出"圆道周流"寓意。

火纹传达的圆道周流思想,不仅是艺术审美的追求标准,而且也是正确的处世方式与美好的修德境界。在儒家思想中,圆道周流更是以礼为原则的君子之道。圆具有丰富的内涵,不仅在"天圆地方"的观念中象征天空的形状,在自然现象中描绘太阳的形象,而且在传统文化中表达着圆通、完满的哲学道理。因此,圆既是天道,也是人道。圆是努力的方向与期待的结果,要通过礼来实现。既要以礼祀天,又要以礼待人。前者有完备的礼仪程序来施行,后者有严明的人伦关系来约束。礼修于内而行于外,从而维护着整个社会的有序性。由礼的角度再来审视火纹的构成,由圆道周流的角度再来阐释火纹与礼器的关系,则更为讲得通,也更加贴近古人铸器象物之旨。

四、铸火纹于酒器的文化意义

水与火是人类生存必不可少的两种基本物质,远古先民对水与火的认识早已超出了物质实体层面，而升华到文化哲学的层面阐述人生的道理，尤以《周易》的表述最具代表性，完备且辨证。以"坎"卦象征水，以"离"卦表示火，并衍生出"既济"与"未既"两个互体卦，且上经终于"坎""离"，下经终于"既济""未既"。每一卦代表着人生经历中的一种情景，爻辞则提出特定情形下具有可能性的参考或警示。在此论及六十四卦中由水与火构成的四卦，并非要解读其中昭示的人生哲理，而是要说明铸火纹于酒器实际上是水与火关系的表现，而对其内涵深意的解读务必上升到文化哲学的层面，方能符合先民的思维方式，也是更为切近原意的解说。

　　首先，五行是传统哲学解释世间万物生成的重要概念之一。"五"是指构成世间万物的五种基本材质，即木、火、土、金、水。"行"是指"气"的运动，在中国传统哲学独有的逻辑体系中，是既玄妙，又关键的概念。

　　《尚书·周书·洪范》篇对五行之名及其特性有专论：

　　　　一，五行。一曰水，二曰火，三曰木，四曰金，五曰土。[传：皆其生数。][1] 水曰润下，火曰炎上，[传：言其自然之常性。] 木曰曲直，金曰从革，[传：木可以揉曲直，金可以改更。] 土爱稼穑。[传：种曰稼，敛曰穑。土可以种，可以敛。]（《十三经注疏·尚书正义》，卷十二）

唐孔颖达《正义》对五行体性做出进一步申论：

　　　　《书传》云："水、火者，百姓之求饮食也。金、木者，百姓

---

　　① 方括号内为伪孔传。

之所兴作也。土者，万物之所资生也。是为人用。""五行"即五材也。襄二十七年《左传》云："天生五材，民并用之。"言五者各有材干也。谓之"行"者，若在天，则五气流行；在地，世所行用也。……《易·系辞》曰："天一，地二，天三，地四，天五，地六，天七，地八，天九，地十。"此即是五行生成之数。天一生水，地二生火，天三生木，地四生金，天五生土，此其生数也。如此则阳无匹，阴无偶，故地六成水，天七成火，地八成木，天九成金，地十成土，于是阴阳各有匹偶，而物得成焉，故谓之成数也。《易·系辞》又曰："天数五，地数五，五位相得而各有合，此所以成变化而行鬼神"，谓此也。又数之所起，起于阴阳。阴阳往来，在于日道。十一月冬至，日南极，阳来而阴往。冬，水位也，以一阳生为水数。五月夏至，日北极，阴进而阳退。夏，火位也，当以一阴生为火数。但阴不名奇数，必以偶，故以六月二阴生为火数也。是故《易说》称乾贞于十一月子，坤贞于六月未，而皆左行，由此也。冬至以及于夏至，当为阳来。正月为春，木位也。三阳已生，故三为木数。夏至以及冬至，当为阴进。八月为秋，金位也。四阴已生，故四为金数。三月，春之季。四季，土位也。五阳已生，故五为土数。此其生数之由也。又万物之本，有生于无，著生于微，及其成形，亦以微著为渐。五行先后，亦以微著为次。五行之体，水最微，为一。火渐著，为二。木形实，为三。金体固，为四。土质大，为五。亦是次之宜。大刘与顾氏皆以为水、火、木、金，得土数而成，故水成数六，火成数七，木成数八，金成数九，土成数十。义亦然也。《传》言其自然之常性。《易·文言》云："水流湿，火就燥。"王肃曰："水之性润万物而退下，

火之性炎盛而升上。"是"润下""炎上",言其自然之本性。"木
可以揉曲直,金可以改更",此亦言其性也。"揉曲直"者,为
器有须曲直也。"可改更"者,可销铸以为器也。木可以揉令曲
直,金可以从人改更,言其可为人用之意也。由此而观,水则
润下,可用以灌溉。火则炎上,可用以炊爨,亦可知也。水既
纯阴,则润下趣阴。火是纯阳,故炎上趣阳。木、金阴阳相杂,
故可曲直改更也。……(同上)

此则文献的要点有三:其一,指出五行元素中,水、火与人类日常饮
食的关系最为密切,以图录载器观之,火纹也确实主要应用于食器与
酒器,而此两类器物是祭祀与宴飨的主要用器,经常配套使用。其二,
以"生数"与"成数"的关系,说明五行与阴阳的关系以及调和、共
生的道理。其三,阐述五行与阴阳关系形成的逻辑推导过程。"天一生
水,地二生火",天为阳,地为阴;奇数为阳,偶数为阴;水为纯阴,
火为纯阳。由此可证阴中有阳,阳中有阴,二者共存相生。又如,宋
王与之《周礼订义》引郑锷曰:"水生于坎之阳,而为阳中之阴。火虽
生于离之阴,而为阴中之阳。王者向明而治,皆以阳为主,故尊明火
为先。"[①]因此,铸火纹于酒器本质上体现着阴阳相合的道理。

宋胡瑗《洪范口义》是对《尚书·洪范》篇的进一步阐释,其观点
秉承汉唐经师之说而做出概括性的总结:

　　五行者,即谓水、火、木、金、土是也。夫有天地,然后
有阴阳。有阴阳,然后有五行。有五行,然后有万物。是则,
五行者,天地之子,万物之母也。然,谓之"行"者,以其幹

---

① 文渊阁《四库全书》本《周礼订义》,卷六十五。

旋天地之气而运行也，故谓之"行"。夫人既禀五行之气而生，亦由逆五行之气而死。声音乎是，气味乎是，性乎是，色乎是，举天下之万类，未有不由于五行而出，是则五行岂不大乎？故五者，因其数，明其性，成其气，辨其味，有其臭，著其声，彰其色，为其物，各以类而推之，则可见矣。……故五行者，圣人为国之大端，万类之所祖出，而冠于九畴，故曰"初一曰五行"。然而，不言用者，盖以五行幹二仪之气，天所以生成万物者也。岂圣人所用治国之物乎？故不言用。（文渊阁《四库全书》本，卷上）

四库馆臣对胡瑗的学养多有赞扬："瑗生于北宋盛时，学问最为笃实，故其说惟发明天人合一之旨，不务新奇。……又详引《周官》之法，推演八政，以经注经，特为精确。……辞虽平近，深得圣人立训之要。"[1] 上则文献先叙五行之名称、由来及作用。五行本源于太极，太极生阴阳两仪，两仪的运动变化而生成五行。五行之气是幹旋于天地之间主导生长、养成之气。换言之，禀承五行之气则主生，悖逆五行之气则主杀。然后，论五行关涉范围之广，声、色、性、味无所不及。最后，总括五行乃"圣人为国之大端，万类之所祖出"，其重要意义不言而喻。同卷亦有另一则文献对五行与阴阳的关系做出简赅的总结：

夫润万物莫如水，燥万物莫如火，木可揉而曲直，金可范而成器，土则兼载四者而生殖其中也。故人之饮食必待水、火而烹饪，宫室必待金、木而斫朴。土，稼穑之利，欲百穀之生，未有不在乎土也。故五行，万物、人用之由出也。圣人岂不修

---

[1]　四库全书总目·《洪范口义》提要 [M]. 北京：中华书局，1956（6）：90.

之哉？故《传》曰"天生五材，人并用之"是也。然则，一曰水，五曰土，何也？此以生数、成数言之也。按，《易·系辞》曰："天一，地二，天三，地四，天五，地六，天七，地八，天九，地十。"此即是五行生成之数。天一生水，地二生火，天三生木，地四生金，天五生土，此其生数也。地六成水，天七成火，地八成木，天九成金，地十成土，阴阳各有匹偶，而数得成焉，谓之成数。故五行始于水，终之于土，是其义也。（同上）

其次，水与火若用之过度，则为灾害。因此，使用水、火的关键在于恰到好处的比例关系，也就是文献中经常强调的"和"。如《周礼·天官·亨人》载"亨人掌共鼎镬，以给水火之齐"[①]，郑玄《注》："齐，多少之量"[②]，孔颖达《正义》曰：

> 云"齐，多少之量"者，此释经"给水火之齐"，谓实水于镬，及爨之以火，皆有多少之齐。（《十三经注疏·周礼注疏》，卷四）

宋王与之《周礼订义》引王昭禹曰：

> 亨和者，水、火欲其相当。水胜火，则物有过于生；火胜水，则物有过于熟。亨人给之，欲其适节而已。（文渊阁《四库全书》本，卷六）

---

① 《十三经注疏·周礼注疏》，卷四。
② 同上。

因此，青铜礼器上铸刻的火纹数目以及甋内算孔数目的设定常为奇数，与火为阳的特性相合，并以七个火纹或七个算孔最为常见①，取"天七成火"之意，皆体现着礼要求适度而有节的原则。

最后，再提供一种极具可能性的纹饰寓意解说，即铸火纹于酒器亦有示戒之意。据《论语·卫灵公》篇载：

> 子曰："民之于仁也，甚于水、火。[注：马曰："水、火及仁，故民所仰而生者。仁，最为甚。"]②水、火，吾见蹈而死者矣，未见蹈仁而死者也。"[注：马曰：蹈水、火，或时杀人。蹈仁，未尝杀人。]（《十三经注疏·论语正义》，卷十五）

宋邢昺《疏》：

> 此章劝人行仁道也。子曰"民之于仁也，甚于水、火"者，言水、火，饮食所由；仁者，善行之长，皆民所仰而生者也。若较其三者所用，则仁最为甚也。"水、火，吾见蹈而死者矣，未见蹈仁而死者也"者，此明仁甚于水、火之事也。蹈，犹履也。水、火，虽所以养人，若履蹈之，或时杀人。若履行仁道，未尝杀人也。（同上）

对于百姓而言，水、火关乎温饱，仁政同样事关生存，而且作为温饱的前提，百姓对仁政的渴望甚至超过了对温饱的需求。"水、火，吾见蹈而死者矣，未见蹈仁而死者也"，这句话的意思是说用水、火需要谨慎，要恰当、适度，而施行仁政则不必顾及于此，因为无论如何实

---

① 其文化含义参见本章所附《商周青铜器与新石器时代陶器、玉器的文化关系考释》一文。
② 方括号内为魏何晏《集解》引东汉马融注。

行仁政都不过分，足见仁政的重要性。仁是礼的核心内容之一，若结合这一理念来考量铸火纹于酒器的意义，不妨可以阐释其示戒的寓意，一则以为食量之戒，饮者需适量而有节，不可耽溺于口腹之乐；二则以为仪容之戒，饮者需清醒，合乎礼之规范而不逾矩，切忌言行失当；三则以为品性之戒，时刻提醒饮者内修自持，以做宽厚仁德的谦谦君子为心性修养之高标。礼器纹饰配合器物用途以及用器场合的需要而铸刻。因此，自宋代图录起，便始终着力阐发纹饰的寓意，示戒为纹饰的重要作用之一，结合礼的内涵分析纹饰的文化意义应为合理的解说。

附：
商周青铜器与新石器时代陶器、玉器的文化关系考释 ①

　　商周青铜器自出现伊始，即具有成熟的形制与明确的功用，显然是于丰厚的前在文化基础上渐变形成的。本文旨在考证并阐释青铜器与新石器时代陶器、玉器之间具体的文化传承关系，并从文化学角度，揭示器物形制与纹饰所蕴含的上古哲学思想。

一

　　陶器的发明与使用是新石器时代的重要标志之一，陶器发展的三个阶段不仅反映出当时烧造技术水平渐进提高的客观规律，而且彰显着不同时期的文化特征，即红陶代表新石器时代的早期文化、彩陶代表中期文化、黑陶与灰陶代表晚期文化。② 青铜器与陶器的关系主要体现在以下三方面。

　　第一，青铜器或直接继承某些陶器纹饰的原貌，或做变形处理，使之成为固定的组合纹饰。在此过程中，先民已把对世间万物关系的哲学理解融铸其中。

　　新石器时代的陶器纹饰以彩陶时期最为丰富，虽然图案样式并不复杂，多以几何纹为主，但风格朴实、活泼，极富生活气息，与青铜时代庄重的整体铸器风貌颇为不同。彩陶以直线、弧线、圆圈、三角形等简单几何纹构图最为常见，而青铜器上广泛使用的弦纹、联珠纹

---

① 本节刊于《文博》（2009年第5期），原题为《先周青铜器与新石器时代陶器、玉器的文化关系考释》，收录于此，已做改易。

② 李辉柄.中国文物鉴赏大系·中国陶瓷鉴赏图典 [M]. 上海：上海辞书出版社，2007，12.参考"文明曙光照耀下的陶器工艺""孕育中的瓷器"等章节。

等皆脱胎于此。弦纹是以直线的形式沿器身形成闭合的圆周，联珠纹
带则是在上下两条平行直线中间填充大小均等的圆圈，亦沿器身围成
闭合的圆周，以马家窑文化出土的圆圈纹壶（图1）、齐家文化类型的
刻划罐（图2）上的圈线组合为代表，堪为青铜器联珠纹嬗变的前身。
以这两种出现频率最高的简单几何纹为例，于朴素的装饰效果之外，
不排除其中蕴含着先民对事物抽象化的哲理思考。

图1　圆圈纹壶（马家窑文化）　　　图2　刻划罐（齐家文化类型）

图3　绳纹罐（马家窑文化）　　　图4　菱形纹盆（马家窑文化）

虽然迄今为止仍无法断定陶器口沿的符号是否为人类最初的文字，
但某些彩陶纹饰与《周易》卦象惊人地相合，恐非偶然。马家窑文化

的绳纹罐（图3）与菱形纹盆（图4），口沿下方的纹饰与三阴爻组成的
《坤》卦"☷"颇为一致；三弦纹组合的情况亦屡见不鲜，如折带纹罐
（图5）腰部的纹带，除与三阳爻组成的《乾》卦"☰"相合外，或许传
达着古人对"天、地、人"三才观念的理解；再如马家窑文化出土的
几件漩涡纹壶（图6），无论色彩搭配，还是构图布局，纹饰观感皆与
八卦太极图中间的阴阳鱼颇多相似。

 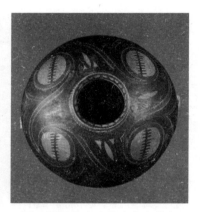

图5 折带纹罐（马家窑文化）　　图6 漩涡纹壶（马家窑文化）

《周礼》记大卜掌职云："掌三《易》之法：一曰《连山》，二曰《归
藏》，三曰《周易》。其经卦皆八，其别皆六十有四。"[①] 虽然《连山》
与《归藏》已不为今见，但至少在西周时期仍发挥着实际作用，大卜
要精通三部《易》书，方能掌管卜筮诸事。由三部著作的共性可知其
内容已成体系且一脉相承。孔颖达引郑玄《易赞》及《易论》云："夏
曰《连山》，殷曰《归藏》，周曰《周易》。"[②] 可证《周易》是在夏、商
《易》书的基础上建构起成熟而严密的哲学体系，并形成独特的阐释方
法，是三代哲学之集大成，其中包蕴着原始文化内涵是确凿无疑的事

---

① 《十三经注疏·周礼注疏》，卷二十四。

② 《十三经注疏·周易正义》，卷首。

实。卦象以简明的符号表达着古人对事物关系的理解，正体现了人类在特定社会历史发展阶段的独特思维方式。因此，陶器纹饰与卦象暗合，与先民哲学思想的形成应有必然的联系。

第二，陶器为不同材质原料的配比与烧造提供了实践经验，并为青铜器形制的发展奠定了基础。

陶器主要以黏土为原料，分为泥质和夹砂两类，经过优选与淘洗两道工序之后，塑形制坯，烧窑成器。制陶的过程表明远古先民已在实践中充分认识到水、土与火的不同物性，并根据制器的不同用途对原料进行加工，有意识地混入沙子、贝壳末和草秸，改变原料的性质，制成所需的生活用器。[①] 合理利用不同材质的性能，掌握科学恰当的原料配比关系，正是铸造青铜器合金的关键。经过现代科学仪器测定，青铜器的铜、锡、铅合金配比合理，恰到好处地利用并发挥了不同金属的物性，与《周礼·考工记》的记载基本吻合[②]，这与先民成功的制陶经验密不可分。如果说陶器是青铜器的定型时期的确毫不过分。商周常见的青铜器，如鼎、鬲、豆、尊、壶、盆等，皆以新石器时代的陶器型模为基础。

第三，在陶器的烧造过程中，火候的掌握尤为重要，这也为青铜器熔铸积累了宝贵的经验。而无论是铸陶中黏土与火的关系，还是青铜器铸造中合金与火的关系，不仅体现了冶炼锻造技术的成熟，而且融入了先民对事物关系的哲学思考，这也正是古器物能够承载丰厚文化意义的思想基础。

---

① 李辉柄.中国文物鉴赏大系·中国陶瓷鉴赏图典 [M].上海：上海辞书出版社,2007(12)，参考"制陶工艺的成就"。

② 李先登.商周青铜文化 [M].北京：商务印书馆,1997(12)，参考"青铜时代与青铜文化"。

图 7 灰陶绳纹甗（商）　　　　　图 8 父乙甗（商代晚期）

以甗为例，火候的控制通过箅孔来实现，而箅孔的数目恰可证明数字蕴含哲学意义的观念在原始社会晚期已经成熟。灰陶绳纹甗（图7）是商代陶甗的代表器，其形制沿袭着新石器时期大汶口文化夹砂红陶甗与龙山文化城子崖遗址出土陶甗的诸多特征，体现着陶甗发展、定型的嬗变过程。青铜甗在商代早期已见使用，即于新石器时代的陶甗基础上发展而来。虽然商代晚期青铜甗（图8）的外观形态与陶甗有别，但结构、功用并无差异，即为上甑下鬲结构的蒸食器，功用相当于现代的蒸锅。诚如北宋《宣和博古图》所云："甗之为器，上若甑而足以炊物，下若鬲而足以饪物，盖兼二器而有之。"①鬲款足之间可以燃火加热，出土的鬲底可见残留的烟炱。鬲内盛水，甑内盛食。甑与鬲中间的连接处有箅，箅上有孔，水被煮热之后，透过箅孔通汽，蒸热甑中食物。《周礼》中明确规定箅孔之数常设为七，即陶人为甗，甑

---

① 文渊阁《四库全书》本《重修宣和博古图》，"甗铛总说"。

设"七穿"①，出土实物多与之相合。宋代古器学蔚然成风，学者对此多有解说。王昭禹《周礼详解》如是说："甑，有底而为七穿，所以达气也。……鬲用以烹煮，所以通水火之气也，甑则加于上焉。甑以通火气而熟物，故其底为七穿。七者，火之成数也。"②易袚《周官总义》亦云："鬲通水火之气，而甑能通火气焉，故有底而为七穿。"③王与之《周礼订义》引郑锷之解："必七孔，取火之成数。"④七孔定数，不仅体现着古人控制火候、水汽的技术经验，更重要的是"火之成数"的概念，传达出数字七在传统文化中所凝固的"奇数为阳""七数为正"的含义，并代表着某些事物周期完满的定数，在达到此极限之后，周而复始。

数字七所包含的哲学意义源于先民对自然物的观察，夜空中闪烁的北斗七星代表北方正位且最为明亮，雨后虹霓的七色囊括了全部的基础色彩，也蕴含了无限变幻的可能。《说文解字》云："七，阳之正也。"⑤故"天子七庙：三昭三穆，与太祖之庙而七"⑥，后以"七庙"代称国家。日常生活中，数字七有着广泛的应用，如人体的"七窍"为头部感官的总称，中医所讲的"七情"涵盖了人所有的情绪。因此，甗中箅孔以七为数，阴阳五行观念中火为阳，七为奇数与之相合，亦为正，故取"用火极限"之意，绝非宋人附会地解说，而是建立在对上古数字哲学深刻理解的基础上做出的准确判断。时至今日，数字所蕴含的哲学观念在诸多领域依然发挥作用，根深蒂固地存留在人们的思想意识之中，甚至左右着行事决策。这也正是上古文化积淀深厚、传承久远的明证。

---

① 《十三经注疏·周礼注疏》，卷四十一《陶人》。
② 文渊阁《四库全书》本《周礼详解》，卷三十八。
③ 文渊阁《四库全书》本《周官总义》，卷二十九。
④ 文渊阁《四库全书》本《周礼订义》，卷七十七。
⑤ 中华书局影印《说文解字》。
⑥ 《十三经注疏·礼记正义》，卷十二《王制》。

二

自新石器时代中晚期，玉、石分离之后，玉文化独立发展并自成体系，商周青铜器与玉器的文化渊源关系主要体现在以下三方面。

首先，青铜器纹饰对玉器纹饰的继承与变形发展。虽然材质不同，观感各异，玉器通透而青铜器凝重，但某些纹饰铸刻手法的一致性显而易见。比如，云雷纹的样式以及线条的流畅性是极其相似的。新石器时代玉器上已见的动物造型，如龟、鸟、蝉、鱼、龙、凤、鸮等，在青铜器纹饰中都有表现。

其次，商周青铜器纹饰不仅继承了玉器纹饰的文化意义，而且二者所蕴含的宗教色彩为研究原始社会的图腾文化提供线索，凤纹的应用即为显例。

《礼记》中记载孔子答子贡问时，论述玉所具备的十种美德，而世人常言玉有五德，如《诗经·秦风·小戎》有"言念君子，温其如玉"之句，郑玄《笺》云："念君子之性温然如玉，玉有五德。"孔颖达对此做出了详尽的阐释：

　　《聘义》云："君子比德于玉焉。温润而泽，仁也；缜密以栗，知也；廉而不刿，义也；垂之如坠，礼也；孚尹旁达，信也。"即引《诗》云："言念君子，温其如玉。"玉有五德也。彼文又云："叩之，其声清越以长，其终诎然，乐也；瑕不掩瑜，瑜不掩瑕，忠也；气如白虹，天也；精神见于山川，地也；圭璋特达，德也。"凡十德，唯言五德者，以仁、义、礼、智、信五者人之常，故举五常之德言之耳。（《十三经注疏·毛诗正义》，卷六）

美玉有白、青、碧、黄、墨五色，以象征"五德"，与凤凰五彩羽纹所包蕴的含义，皆以人之"五常"为终极旨归，其文化含义尤为相通。据《山海经·南山经》记载：

> 又东五百里，曰丹穴之山，其上多金玉。丹水出焉，而南流注于渤海。有鸟焉，其状如鸡，五采而文，名曰凤皇。首文曰德，翼文曰义，背文曰礼，膺文曰仁，腹文曰信。是鸟也，饮食自然，自歌自舞，见则天下安宁。（《山海经校注》本，卷一）

凤纹与鸟纹是两种不同飞禽形象的装饰，凤鸟形象在新石器时代已经成熟，有玉凤为证（图9和图10）。迄今发现商代的青铜纹饰中，虽然不乏鸟纹，凤饰却极其少见，但西周青铜器上凤鸟纹饰数量激增（图11），不仅对研究周部族的图腾文化具有重要意义，而且凤凰作为祥瑞的意义即在此时得以强化，与龙纹一起作为最具王权象征意义的纹饰固定下来，传之后世。

图9　剔地阳纹凤形玉凤（石家河文化）

图 10　镂雕凤纹玉佩（大溪文化）　　　　图 11　凤纹卣（西周早期）

　　再如商周青铜器上常见的兽面纹，也并非源起于夏商之际，在新石器时代的玉器中已颇为常见。宋人著述中的饕餮纹是沿用《吕氏春秋》的界定，即"周鼎著饕餮，有首无身，食人未咽，害及其身"[1]，并认为器物上雕铸饕餮纹有警世戒贪的寓意。饕餮纹源于想象中多种猛兽局部特征的抽象化综合与夸张表现，其寓意则是文化增殖的表现。在商周青铜器纹饰的发展中，饕餮纹的细部特征也随时代审美风尚的嬗变而有所调整。商代的饕餮纹主要延续此前玉兽面纹强烈的抽象风格，只有双目是区别于其他纹饰的突出特征，而西周的一些饕餮纹则强化了双角的表现力，几近于写实的牛角，使之更具威猛气质，显示威力，震慑人心。

　　通过历代文献的阐述，揭示了纹饰被赋予的社会含义，即体现着商周礼制对人道德修养的内在要求，比如凤纹暗寓五常、饕餮纹警戒

----

　　① 《吕氏春秋·先识》，《诸子集成》本。

贪欲、蝉纹象征高洁品格等。刻纹于鼎彝，不仅使美德的标准成为不刊之论，而且在心理共识的基础上完成了民族精神的认同，商周文化是华夏礼乐文明的基础，由完善个体修为实现社会秩序的整合，也正是西周制礼作乐的目的。

最后，三代礼制中，玉器与青铜器能够共同参与祭祀仪式，其共性在于神秘、浓郁的宗教色彩与神圣、典雅的文化气质相吻合。青铜器在祭祀天地神祇、宗庙先祖及丧葬仪式等场合均见使用。商周时代，玉器与青铜器并行发展，共同承担着礼法作用。而适用礼仪场合的一致性，也是证明二者文化内涵共通性的重要方面。

三

综上所述，青铜文化是在陶器、玉器奠定的前在文化基础上形成并发展起来的。古器遗存与文献典籍，已经证明了三者一脉相承的文化演进关系。器物从铸造过程到成品形制与纹饰特征所包蕴的哲学思想，是对原始社会时期文化积淀的继承与发展。铸造器物使商周时代的文化哲学凝练、整合并得以强化，成为传统且历久弥新。

第四章　古器图录所载觥、匜考辨

一、北宋古器图录所载觥综览

（一）《宣和博古图》卷二十载觥五器

1. 商启匜

眈觥（商代晚期）

右通盖高七寸七分，深三寸四分，口径长六寸三分，阔二寸七分，容一升有半，共重二斤十有五两，有流，有鋬，圈足。盖、器铭共八字，曰"启作宝彝"。按，商太丁之子曰乙，乙之子曰启。此铭"启"者，乃乙之子也。是器，形制浑厚，字画奇古，劲若屈铁，非周、秦篆画之可拟伦者。以时考之，盖商之器无疑。

【案】此器为觥的基本形制与早期形态，河南安阳郭家庄53号墓出土的"眖觥"（如上图）通体素面，形制与之极为相似。

2. 商凤匜

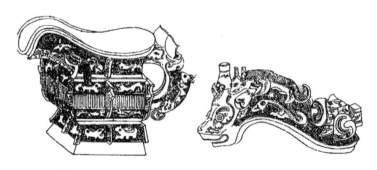

右通盖高九寸二分，深三寸七分，口径长六寸六分，阔三寸，容一升有半，共重七斤，有流，有鋬，圈足，无铭。通体设饰不一，其状有夔，有螭，有兕。小者、大者，起伏偃仰，颉颃差池不可名状。又峙二角于其前，而腋间别出两凤，势若飞动，故因此名之。

3. 商三夔匜

右通盖高五寸四分，深二寸八分，口径长四寸七分，阔二寸二分，容一升，共重一斤十有一两，有流，有鋬，圈足，无铭。通体作夔象，而盖纹隐起者有三，

蜿蜒夭矫，如得风云之状。复螭其鋬。观其制作，颇类"凤
匜"，故宜类之于商也。

4.周父癸匜

右高四寸五分，深二寸九分，口径长五寸，阔二寸六分，
容九合，重一斤三两，有流，有鋬，阙盖，圈足，铭四字，曰
"爵方父癸"。按，周之君臣，其有"癸"号者，惟齐之四世癸
公慈母也。太公吕望实封于齐，其子曰丁公伋，伋之子曰乙公
得，得之子曰癸公慈母，慈母之子曰哀公臣。然则，作是器也，
其在哀公之时欤？故铭"父癸"者，此也。昔之匜，通用于人
神，此铭"父癸"，则其祭祀宗庙之器耶？此匜也，而铭有曰
"爵"者，岂《诗》所谓"洗爵奠斝"[1]之意欤？方事洗盥，则不
可无匜尔。

5.周文姬匜

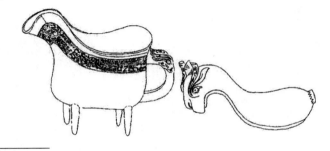

---

[1]　《诗经·大雅·行苇》。

右通盖高一尺一寸二分，深四寸五分，口径长八寸三分，阔四寸一分，容四升，共重六斤十有一两，有流，有鋬，四足，器与鋬铭共二十一字。初曰"丙寅"，纪其时也。次曰"锡龟贝作文姬宝彝"，著其名也。通体作犀兕之形，鋬亦如之。饰以云、雷之纹，宛转盘绕于其上，已足贵矣！至于字画，仍复奇古，宜比于周。

（二）《宣和博古图》卷二十一载觥二器

（1）周遍地雷纹匜

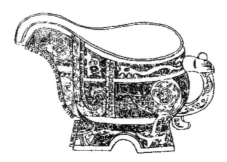

右高四寸五分，深二寸六分，口径长五寸，阔三寸，容八合，重一斤十有二两，有流，有鋬，阙盖，圈足，无铭。是器，通作夔状，色如精金，但下有趐足，其首背在，盖而亡之。其体间，复作雷纹，间以小夔。考其制度，非周不能为也。

（2）周夔匜

127

右通盖高六寸，深二寸八分，口径长四寸八分，阔二寸三分，重二斤四两，有流，有錾，无铭。是器，通体饰以夔纹，盖亦如之，制作华藻。大概与"周祖戊匜"形制相近，但阙其铭耳。

二、北宋古器图录所载匜综览

（一）《考古图》卷六载匜四器

（1）䢷伯旅匜（临江刘氏）

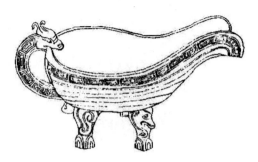

右得于蓝田。径四寸有半，深二寸七分，容二升，铭十有二字。

按，"䢷"字依前"䢷仲簠"当作"张匜"，余支、移尔二切。《左传》"奉匜"，沃盥器也。《说文》："杯匜有柄。"

（2）季姬匜（河南文氏）

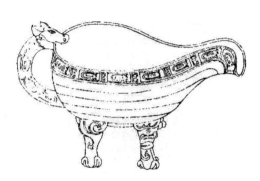

　　右得于京兆。高三寸八分，深二寸七分，缩八寸六分，容
一升五合，铭四字。

（3）仲姞旅匜（庐江李氏）

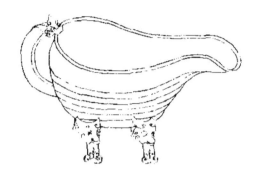

　　右得于京兆。高四寸八分，缩尺，衡六寸一分，深三寸有
半，足二寸有半，容四升，铭十有七字。

（4）牛匜（丹阳苏氏）

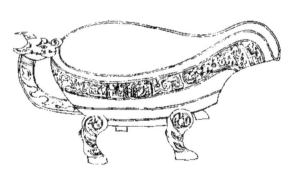

　　右不知所从得。高四寸七分，深二寸七分，缩九寸三分，
衡五寸一分，容三升二合，无铭识。为牛首衡柄，下为四牛足。

　　按，《公食大夫礼》："具盘匜。君尊，不就洗也。"《士虞礼》
《特牲》《少牢馈食》皆设盘匜，尸尊不就洗也。匜水错于盘中，
南流。流，匜所以注水也。沃尸盥者一人，奉盘者东面，执匜
者西面，淳沃。此用匜之事也。妇人之侍君子亦用之。晋公子

重耳使怀嬴奉匜沃盥。今所图数匜，有"季姬仲姞"者是也。有谓之"旅匜"者，少者、贱者为所尊贵执事，非一人，共用斯器，故曰"旅"。足多，象牛顺事也。

（二）《宣和博古图》载匜与匜盘

1.《宣和博古图》卷二十载匜四器

（1）周司寇匜

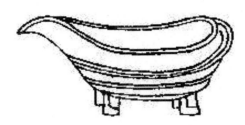

右高一寸四分，深七分，口径长二寸五分，阔一寸一分，容一合，重二两二钱，有流，有鋬，四足，铭二十字。曰"作司寇彝"，按，《周官》大司寇之职，掌建邦之六典，以佐五刑，邦国诘四方。小司寇之职，掌外朝之政，以致万民而询焉。则司寇在《周官》盖有大小之异。是器，铭文曰"维之百僚"，则非大司寇不足以当是语也。然而，是匜非他匜之比。正如"汉金银错鬲"，小而有适于用。岂匜亦固如鼒、鬲之有别耶？特书传不见其所考尔。要之，有是理也。

（2）周义母匜

右高六寸，深三寸六分，口径长九寸七分，阔六寸一分，容四升，重四斤九两，有流，有鋬，四足，铭一十七字。按，《国语》："晋公子重耳过秦，穆公归女五人，怀嬴与焉。公子使奉匜沃盥，既而挥之。"韦昭以谓"嫡入于室，媵御奉匜盥"。是器，铭曰"仲姞义母作旅匜"者，盖晋文公重耳娶齐女姜为正嫡，次杜祁，次偪吉，次季隗。然，杜祁以吉生襄公，故巽而上之，居第二，是为仲吉。以隗在狄所娶，故巽而已，次之是为季隗，而祁自居第四。昔，赵孟尝曰"母义子爱，足以威民"，则"义母"者，杜祁也。《礼》曰"铭者自名"，以称扬其先祖之美，则所谓"仲吉"者，自名也。"义母"者，襄公谓杜祁也。按，《通礼义纂》以谓"媵御交盥"。盖媵，送女之从者；御，婿之从者。夫妇礼始相接，廉耻有间，故媵御交相为殊，以通其志，彼其婚姻欤？此称"义母"，则非初嫁之时，有子职在焉故也。称"旅匜"，则非交盥所用，特其匜之不一耳。

（3）周孟皇父匜

右高五寸五分，深二寸七分，口径长八寸，阔四寸一分，容二升，重三斤二两，有流，有鋬，四足，铭六字，曰"孟皇父作旅匜"。昔，鲁桓公之后，析为三族，有仲孙、叔孙、季孙焉。仲孙，于三桓氏为长，乃曰"孟氏"。此孟族所由出也。是则，"孟"乃仲孙之氏，而姓则"姬"也。《诗·十月之交》曰"皇父卿士"，而释者谓"皇父，字也"。然则，此曰"皇父"，亦其孟之字欤？曰"作旅匜"，则又言非止一器，所以御宾客，供盥濯者，宜非一尔。

（4）周螭首匜

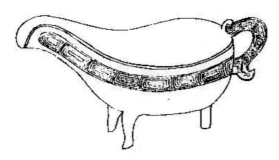

右高一寸九分，深一寸，口径长三寸五分，阔二寸，容二合，重六两二钱，有流，有鋬，三足，无铭。匜也，大小虽殊，而其制则同。前一器，鋬作螭首，四足，股间复饰以兽状。后一器，甚小，而鋬亦状螭，口啮其器。纯缘下，环以雷篆。纹镂之工若甚拙，而后世所不能及，实周一时物也。

2.《宣和博古图》卷二十一载周匜三器，周匜盘二器，汉器不录

（1）周虢伯匜

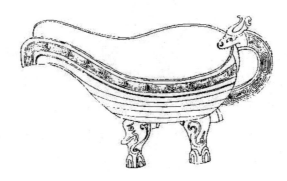

右高四寸三分，深二寸八分，口径长八寸，阔四寸五分，

容二升一合，重二斤十有四两，有流，有鋬，四足，铭十有三字。曰"弡伯"者，恐其姓与谥也。然，有"弡仲作宝簠"，则又知弡之一族尔。此称"伯"，彼称"仲"，昆季之序也。

（2）周季姬匜

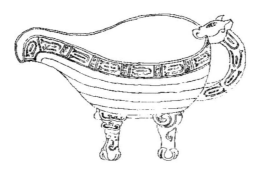

右高五寸一分，深二寸七分，口径长七寸三分，阔四寸一分，容一升五合，重二斤三两，有流，有鋬，四足，铭四字。昔，晋文公重耳母曰季姬。齐悼公娶季康子之妹，亦曰季姬。而文公母乃翟狐氏女，太史公尝以"狐季姬"称之。则此曰"季姬"者，必有一于斯焉。是匜，盥器也。《易》谓"盥而不荐"，则洁以致诚而已。奉祭祀者，夫人之职。此以"季姬"自铭，盖其职欤？

（3）周牛足匜

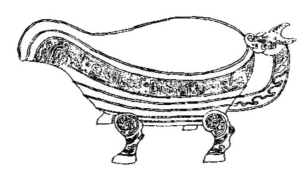

右高四寸三分，深二寸九分，口径长九寸四分，阔五寸，

容三升四合，重三斤九两，有流，有鋬，四足，无铭。是器，以牛首为鋬。《易》曰"坤为牛。"牛，地类，故其足斤，以地之数，偶而不奇；马，天类，故其足圆，以天之形，圆而不方。今其足，牛也，斤而偶，方而不圆，乃知莫不有法象耳。匜，盥洁之器，将以达其诚。是亦若郊牛茧栗，以将其诚而已。

（4）周楚姬匜盘

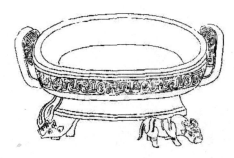

　　右高四寸五分，深一寸八分，口径一尺四寸三分，耳高二寸二分，阔二寸八分，容一斗，重十七斤有半，三足，铭十有七字，曰"齐侯作楚姬宝盘"。先是得"楚姬匜"，其铭曰"齐侯作楚姬宝匜"，今复见其盘，正一时物也，故名之曰"匜盘"焉。按，齐与楚从亲，在齐潜王之时。所谓"齐侯"，则潜王也。周室之末，诸侯自王久矣。铭其器，以"侯"称之，尚知止乎礼义，彝器法度所自出，故其铭如此。

（5）周鲁正叔匜盘

右高二寸一分，深一寸五分，口径一尺（阙），耳高二寸，阔二寸八分，足径九寸五分，容（阙）升三合，重一十斤十两，铭十有八字，曰"鲁正叔作"。按，鲁周公所封自伯禽之国，而蕃衍始大，为天下显诸侯。且号礼义之邦者，以周公之圣，风化所本，余膏剩馥泽后世而不竭焉。其世叶与周相为盛衰。至战国时，而仲叔季之氏族遂分其国。然，所谓"正叔"，虽不见于经传，必鲁之公族也。

三、觥、匜形制之辨

欧阳修在《醉翁亭记》中写道："宴酣之乐，非丝非竹，射者中，弈者胜，觥筹交错，起坐而喧哗者，众宾欢也。"[①] 此后，描述酒器与酒筹交互错杂的词语"觥筹交错"便承载着宴饮尽欢的含义而沿用至今。"觥筹"虽习见于诗文，觥之为物却可溯源至先秦典籍。《诗经·周南·卷耳》篇有"我姑酌彼兕觥"之句，汉毛亨《传》曰"兕觥，角爵也"[②]，应为探讨兕觥形制缘起与真容之关键。"角爵"语意模糊，可做多解，留给后人广阔的阐释空间。究竟何者为确，需加详辨。

训释之一，觥为兕角所制之爵，以传世经注、《礼图》为代表。

根据语法常识，"兕觥"是偏正结构的专有名词，"兕"作为"觥"的定语，起描述、界定的作用。因此，对训释觥的外观造型具有重要意义。关于兕的产地、体征，《山海经·海内南经》如是说："兕在舜葬东，湘水南。其状如牛，苍黑，一角。"[③]清吴任臣案语引《交州记》曰：

---

① 中华书局点校本《欧阳修全集》，卷三十九。

② 《十三经注疏·毛诗正义》，卷一。

③ 《山海经校注》，卷十。

"兕出九德。有角，角长三尺余，形如马鞭柄。"① 是对兕角的形象描绘。孔颖达《正义》进一步申说毛传、郑笺云：

> 《释兽》云："兕，似牛。"郭璞曰："一角，青色，重千斤者。"以其言兕，必以兕角为之觥者。爵，称也。爵总名，故云"角爵"也。……（《十三经注疏·毛诗正义》，卷一《卷耳》）

依郭璞《注》，兕应为古代独角、青色、似牛状的庞然巨兽。又因孔疏明确肯定了兕兽的存在独具权威性，从而使兕角为觥之论长期占据着主导地位。宋罗愿对《尔雅》训释详为补充著《尔雅翼》，其中《兕》篇从外观样貌、颜色之别、称谓音变、甲革韧度四个方面辨析犀、兕异同：

> 兕，似牛，一角，青色，重千斤，或曰即犀之牸者。盖牯犀之角能辟邪恶、宁心神、散风热，故良于药饵。牸犀之角，文理细腻，斑白分明，俗谓班犀，故美于服饰。牸犀，古人或但谓之牸，盖即兕也。……而兕音近牸。云《尔雅》曰："兕，似牛。犀，似豕。"郭氏称犀似水牛而豕首。然则，犀亦似牛，与兕同，但首如豕耳。兕青而犀黑，兕一角而犀二角，以此为异。然，郭又云犀亦有一角者也，但古人多言兕，今人多言犀；北人多言兕，南人多言犀，为不同耳。……兕之革最坚，故犀甲只寿百年，而兕甲寿二百年。……云尔角尤善触，故曰兕无所投其角，古以为觥，容七升。或曰无，则刻木为之，以戒酒过，而抵触人者，故曰觵。（文渊阁《四库全书》本《尔雅翼》，卷十八）

---

① 文渊阁《四库全书》本《山海经广注》，卷十《海内南经》。

兕角药效宜人，且具装饰性，此
两点足以支持孔疏以兕角为觥的
推论。宋初聂崇义著《三礼图集
注》谨依毛传、孔疏，忠实地援引
其说，绘图如右，为兕角作觥的
直观图解。

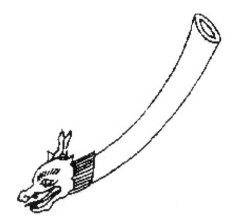

　　训释之二，觥与兕角实物无
关，而是整体似有角怪兽的青铜器。

　　仔细翻检自宋迄清的古器图录，未见"兕觥"之名与形如《礼图》
所绘之器，却发现被定名为"匜"的器物中，实际上包含着两类形制
差异极为悬殊的器物。本章第一节与第二节已按照现代古器定名方式，
将《考古图》与《宣和博古图》中的觥与匜分别归类，以资参考。

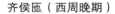
齐侯匜（西周晚期）　　　　　　　　齐侯匜（局部）

　　关于匜的由来与原始形制，文献典籍皆语焉不详。《仪礼》虽见其
名，却仅记其用，未言其形。据图录描摹及实物遗存，依铭文自名与

器形一致原则，匜器的细部特征大致如下：或以兽为饰，但整体造型绝非兽形器。多为敞口槽形流，口缘处多呈曲线状。器身较长，腹容或深或浅。下承四扁足，或有兽饰。后为半环形鋬，兽饰鋬者，多作兽首衔器口沿探饮状。器身纹饰毫不繁复，口下多饰宽带卷曲纹一周，腹饰横条沟状瓦纹，间隔清晰。器底多见铭文自名为"匜"者。上海博物馆藏"齐侯匜"（如上图所饰全器与局部），为西周晚期器，腹内二十二字铭文，记齐侯为虢孟姬良女作此器。是器集中体现了匜的诸多特点，形制瑰伟，是匜之代表器。除前文《考古图》与《宣和博古图》载器为代表之外，另有《西清古鉴》所载十六器 ①，以及现代考古发掘数器为例。

兽面纹觥（商代晚期）

---

① 文渊阁《四库全书》本，清《西清古鉴》卷三十二载匜十六器，分别为周姜伯匜、周陈伯匜、周伯匜、周子匜、周子孙匜、周云雷匜、周夔龙匜、周蟠虬匜、周蟠夔匜一、周蟠夔匜二、周夔首匜、周螭首匜、周云纹匜、周环纹匜一、周环纹匜二、周环纹匜三。

兽面纹觥（西周早期）

牺觥（商代晚期）

　　而其余冠名为"匜"的器物与前者殊异，应冠名为"觥"。其外观整体为兽形器。底部或作四足站立状，或为扁圆形矮圈足。兽头前端有口作流，顶部有凸出的双角。深腹微外鼓。器身后部有兽饰半环形鋬。流下至圈足处，或器盖兽身背脊处，常饰扉棱。器盖由前流至后鋬作兽头自然过度到背脊处的曲线造型。多数器身纹饰繁复，主体兽饰浮雕与阴刻底纹有机融合，相得益彰。铸刻精细别致，气韵豪华大气。以现存出土实器推知，此器盛行于商代晚期，西周早期风格稍变，庄重感与严肃性渐强。亦有少数全素无纹之器，别具清新简洁之意趣。此类器风格庄重而不失机趣，达到了艺术性与实用性的完美结合，不仅散发着深厚、浓郁的时代文化气息，而且反映出古人充满睿智的生活情趣与高雅的审美品位。以下诸器可供参考。匜之造型固然奇巧，但此类器更显生动，二者器形结构根本不同。

　　王国维著有《说觥》①专论，从铭文自名、用途之别、器盖有无、

────────────

① 王国维. 观堂集林（附别集）[M]. 北京：中华书局，1959（6）：参见《说觥》篇。

牛首饰器、曲线造型、器物容积角度提出六点证据，认为混归匜属的此类器物应为觥。此文对觥、匜之辨具有发凡起例之功，对现代考古分判觥、匜器物产生了决定性的影响。然而，在此基础上仔细研读，发现尚有可深入探讨之处。

其一，有无器盖并非觥与匜的本质区别。虽然王氏提出有盖为觥、无盖为匜的观点的确符合实际情况，但即便佚失器盖的觥（如下左图"鸮纹觥"所示）与本身无盖的匜（如下右图"筍侯匜"所示）型模也全然不同。

鸮纹觥（商代晚期器）　　　　　　筍侯匜（西周中期器）

其二，王国维描述觥"盖端皆作牛首，绝无他形"①。细审图录，并结合古器遗存观之，此论不尽合实器情况。觥宏观上为统一的怪兽综合体，造型并非以牛为基调，而是结合了现实与想象中多种兽的局部特征而设计的独特兽体。盖饰亦不囿于牛首，非一种兽形可以涵盖其全部细节。兽首盖顶多有短立柱状的两角，形状不像犀兕弯角，而更像夔龙的小角或麒麟的肉角。诚如文献所言，兕似牛而非牛，意象本身就留有想象的空间。其器纹饰多综合龙、凤、夔、螭、虎等形象，包蕴着多重寓意，颇具神秘感。

---

① 王国维．观堂集林（附别集）[M]．北京：中华书局，1959（6）：150．

其三，觥、匜用途之别尚需申论，尤其是觥为饮器的判断应以修正，见后文详论。

其四，纵观传世古器图录，觥、匜混归一类，皆笼统地判为商周时器，而以考古发掘的实际情况观之，二者的行用时间存在明显差异。现存觥的时间跨度较短，多为商代晚期至西周早期制器，但其完备的实用形制及奢华的繁复纹饰所展示的精湛铸造工艺，已是久经磨砺发展至成熟阶段的完美表现。因此，其雏形始见时期可推至商代中期，甚至更早的时代。与之比照，匜的时间跨度则稍长，现存可见之匜以西周中期器为最早，横跨春秋时代，直至战国早期，均有器出土。其制造工艺比觥简约，始见年代上限或可提前，但匜出现在觥之后，且行用时间远比觥长，应为确论。

四、觥、匜用途之别

觥与匜的适用场合不同。嘉礼、吉礼、凶礼均需用匜，是与槃配合使用的盥器，故二者连言槃匜。《少牢馈食礼》是诸侯至卿大夫祭祖祢于宗庙的吉礼，其中记述沃盥礼的过程稍详且富代表性。

> 宗人奉槃，东面于庭南。一宗人奉匜水，西面于槃东；一宗人奉箪、巾，南面于槃北。乃沃尸，盥于槃上。卒盥。坐，奠箪，取巾。兴，振之三，以授尸。坐，取箪，兴，以受尸巾。（《十三经注疏·仪礼注疏》，卷四十八）

此处由宗人协助完成的沃盥礼是献尸过程不可或缺的重要环节。执礼的宗人分别负责奉槃、奉匜与奉箪、巾，各居其位，各司其职。匜盛净水，自上而下浇注，以水沃尸，即为尸净手。置槃于下方，承接弃水。盥毕，尸坐。"奉箪、巾"的宗人从苇或竹编制的小箪中取巾，起身，展开巾抖动三次，递献给尸擦拭。然后坐下，待尸擦拭完毕，再取箪，起身接过巾。由是观之，匜是用以灌注的盛水器皿确定无疑。又见《特牲馈食礼》载"尸盥，匜水实于槃中，箪、巾在门内之右"①，亦可为之佐证。

尸盥毕，必须以巾拭手，不可挥振去水使手干，否则是失礼不敬的表现，贾公彦《疏》引《左传》故事可为例证。时，晋公子重耳流亡在秦，"秦伯纳女五人，怀嬴与焉。奉匜沃盥，既而挥之。怒曰：'秦晋匹也，何以卑我！'公子惧，降服而囚。"②后世素以"秦晋之好"颂祝两姓联姻，却少有人知公子重耳一个小小的疏忽之举，险些使良好的政治意图化为乌有。秦穆公将美貌知礼的怀嬴许配重耳。怀嬴持匜，侍奉重耳行沃盥礼。洗毕，重耳没有依照礼仪规范以巾擦拭，而是随意地简单挥去手上的残水。此举立即激怒了怀嬴，认为重耳非但不尊重自己，也在藐视秦国。面对质问，重耳顿感事态严重，随即以谢罪的方式严正致歉，化解了一触即发的政治危机。

要之，槃、匜、箪、巾乃沃盥礼必用之物。礼规范着古人的言行举止、思维方式以及等级分明的社会秩序。礼仪程序的每个细节都颇为讲究，礼法规范渗透于举手投足的细微仪容之间，礼数周详与否不仅标志着礼遇的规格，而且直接反映出敬重的程度。

觥见用于祭祀吉礼与燕享嘉礼，隶于酒器范畴，亦属礼器。以觥在蜡祭中的使用为例，《周礼·春官·籥章》云："国蜡祭，则龡《豳颂》，击土鼓，以息老物。"③配合此祭祀仪式而使用的酒器恰是兕觥。

①《十三经注疏·仪礼注疏》，卷四十四。
②《十三经注疏·春秋左传正义》，卷十五。
③《十三经注疏·周礼注疏》，卷二十四。

　　古代社会农业生产不仅关乎人类生息繁衍，而且作物丰欠直接影响着国运兴衰。因此，天子、诸侯格外重视相关祭祀，如祈求五谷丰登而血祭社稷，祈求风调雨顺而巫觋雩祀，另有蜡祭，具有不可替代的吉祥意义。《礼记·郊特牲》载：

　　　　天子大蜡八。伊耆氏始为蜡。蜡也者，索也。岁十二月，
　　合聚万物而索飨之也。蜡之祭也，主先啬而祭司啬也。祭百种，
　　以报啬也。(《十三经注疏·礼记正义》，卷二十六)

蜡祭为天子之礼，《礼记·明堂位》言："是故，夏礿、秋尝、冬烝、春社、秋省而遂大蜡，天子之祭也。"[①]蜡祭是由上古之王伊耆氏始创，用以祀飨四方八神[②]的年终大祭，具有多重意旨。

　　首先，报天恩。郑玄《注》云："飨者，祭其神也。万物有功加于民者，神使为之也。祭之以报焉，造者配之也。"[③]远古先民深信万物有灵，渴望得到神明的护佑，崇拜自然的原始宗教信仰即肇始于此。于是，人与自然的关系，除了对抗天灾之外，融合相生便是常态。古人认为形魄相合则生，相离则亡，动、植物亦有精魄，各由专神司主，决定其盛衰荣枯。谷物丰穰必是得到了上苍的赐福与诸神的眷顾，因此，蜡祭以八神为主，广祭众神，以表酬报之意。

---

①　《十三经注疏·礼记正义》，卷三十一。

②　"八神"即郑玄《注》言："蜡祭有八神：先啬一，司啬二，农三，邮表畷四，猫虎五，坊六，水庸七，昆虫八。"又云："先啬，若神农者。司啬，后稷是也。"可知伊耆氏始创蜡祭，首祀神农氏，次祭后稷，则伊耆氏应为神农氏与后稷时代之后的上古王者。然而，孔颖达正义则以为"……伊耆氏，神农也。以其初为田事，故为蜡祭以报天也。"二者持论殊异，何者为确虽未可断，但伊耆氏为上古之王应无疑义，且蜡祭之礼的行用时期上限必始于周前。(《十三经注疏·礼记正义》，卷二十六。)

③　《十三经注疏·礼记正义》，卷二十六。

其次，息老物，可见儒家仁政思想之端倪。郑玄《注》："求万物而祭之者，万物助天成岁事，至此为其老而劳，乃祀而老息之，于是国亦养老焉。"①经历了春华秋实，冬霜降临之际便是作物枯萎之时。此刻蜡祭，令苍老而疲惫的万物得以休憩。其意总括生灵，亦喻年迈长者，故举国敬老、养老。《郊特牲》云："皮弁、素服而祭。素服，以送终也。葛带、榛杖，丧杀也。蜡之祭，仁之至，义之尽也。黄衣、黄冠而祭，息田夫也。"②主祭人皮弁素服，送终、丧杀皆对物而言，服黄衣冠而祭，报谢田夫之终年劳苦，使之稍憩。顺应天时的孟冬蜡祭，体现着先民对自然的诚敬，彰显着君主对神的尊崇与对人的体恤。休养生息的恩泽以及人情事理的通达，恰是仁与义完美结合的至善表现。

最后，祈来年。蜡祭礼行于辞旧迎新之际，郑玄《注》云："岁十二月，周之正数，谓建亥之月也。"③祈盼来年农事顺遂，是酬谢天地诸神与休养生民的终极目的。耐人寻味的伊耆氏蜡辞如是说："土反其宅，水归其壑，昆虫毋作，草木归其泽。"④郑玄以此语为祝辞，孔颖达《正义》则曰："蜡祭乃是报功，故亦因祈祷有此辞也。一云祝辞，言此神由有此功，故今得报，非祈祷也。"⑤可见，在判断蜡辞性质的观点上，郑注、孔疏略存小异，即郑注训为酬谢神功的祝颂，孔疏释为表达希冀的祈祷。仔细研读蜡辞内容，即令水土各安其所，昆虫勿为灾，稗草毋生良田以害嘉谷。语气颇具鲜明的主导使役色彩，措辞堪比咒语，以坚决果断的态度明示人类对自然的要求。作为蜡祭的例行辞令，无论是酬报神明过往之功，还是祈盼诸神庇佑来年，训皆可通。蜡祭

---

① 《十三经注疏·周礼注疏》，卷二十四。
② 《十三经注疏·礼记正义》，卷二十六。
③ 同上。
④ 同上。
⑤ 同上。

的目的本不单一，谢神与祈福仅为蜡祭过程的不同环节而存先后，在体现人类意愿的基点上并不矛盾。

祭祀是沟通人神的唯一途径，体现着先民对宇宙、自然及自身存在的理解，是原始天人合一观念的直观反映。蜡祭仪式隆重，诗、乐、舞悉备的形式全方位展现着先民对神灵挚诚的酬报与礼赞，旨在感动神明，达到娱神、降神的目的，圆满完成祈福的过程，从而使先民对神明必将赐福人类的意念愈加坚定。规范、繁缛的礼仪程序时刻彰显着祭祀仪式的神圣与庄严，通过谨言慎行地祀飨诸神，谦卑的参祭者经历了一次由外到内的精神洗礼。《周礼》记载了蜡祭用乐六变的情况。①虽未言所用何舞，但依《舞师》文献分析，《羽舞》最为适宜②。由《籥章》篇可知，蜡祭使用的乐器以打击乐器土鼓与大约陶埙一类的吹奏

---

① 《周礼·春官·大司乐》载："凡六乐者，一变而致羽物，及川泽之示；再变而致赢物，及山林之示；三变而致鳞物，及丘陵之示；四变而致毛物，及坟衍之示；五变而致介物，及土示；六变而致象物，及天神。"郑玄《注》云："此谓大蜡索鬼神而致百物，六奏乐而礼毕。……每奏有所感，致和以来之。……天地之神，四灵之知，非德至和则不至。"贾公彦《疏》曰："五谷成于神，有功故报祭之。郑必知此据蜡祭者，此经总祭百神，与蜡祭合聚万物之神同，故知蜡也。……此经亦六变致天神，故云'六奏乐而礼毕'也。……是四（方）各有八蜡，故知四方用乐各别也。……此天地四灵，非直须乐，要有德至和，乃致之也。"蜡祭之乐承载着彰显王者嘉德善政的内涵，包蕴着人与自然的和顺关系，因此能够感动神明，而用乐六变的顺序本身也反映着礼的秩序。（《十三经注疏·周礼注疏》，卷二十二。）

② 《周礼·地官·舞师》载"凡小祭祀，则不兴舞"，则大祭祀用舞。蜡祭为天子之礼，是年终大祭，因此必用舞无疑。又，经言："舞师，掌教《兵舞》，帅而舞山川之祭祀；教《帗舞》，帅而舞社稷之祭祀；教《羽舞》，帅而舞四方之祭祀；教《皇舞》，帅而舞旱暵之事。"因祭祀对象不同而用舞有别。《皇舞》为阴性之舞，旨在向阳祈雨而润谷，隶于女巫之职，专事雩祀，不用于蜡祭。《兵舞》祭山川之神，《帗舞》祭社稷之神。而《羽舞》侍"四方之祭祀"，是为四望，即望祀四方名山大川及江河湖海的万物神主，故此舞亦适于蜡祭。（《十三经注疏·周礼注疏》，卷十二。）

乐器为主[1]。

隶属经籍的《诗经》，其内容皆可合乐而歌，虽是有韵的诗篇，但绝非单纯意义的文学，于先秦时期广为应用。可断章取义，但务必场合恰当，符合情境，是五礼行用中不可或缺的重要组成部分。蜡祭时，合乐而歌的诗篇即《豳风·七月》，载"十月获稻，为此春酒，以介眉寿。……跻彼公堂，称彼兕觥，万寿无疆"[2]，是蜡祭时使用兕觥之力证。然而，此时作为礼器出现的兕觥，实非如前人所论之饮酒器，而应为贮酒器，详辨如下。

首先，觥不在正祭五爵之列。五爵分别为爵、觚、觯、角、散，而爵又为饮酒器之通称，孔颖达《正义》对此详为解说：

> 《毛诗说》："觥大七升。"……由此言之，则觥是觚、觯、角、散之外，别有此器，故《礼器》曰"宗庙之祭，贵者献以爵，贱者献以散。尊者举觯，卑者举角"。《特牲》二爵、二觚、四觯、一角、一散，不言觥之所用，是正礼无觥，不在五爵之例。
>
> （《十三经注疏·毛诗正义》，卷八）

五爵的容积均小于觥，《尔雅翼》对觥的容积亦有解释："盖爵一升，觚

---

[1] 《周礼·春官·籥章》载："籥章掌土鼓、豳籥。……国蜡祭，则歔《豳颂》，击土鼓，以息老物。"郑玄《注》引杜子春之语曰："土鼓，以瓦为匡，以革为两面，可击也。"即土鼓以兽皮蒙于瓦匡而成。八音之中鼓属革，而又有土的元素。陶埙是华夏远古先民最早使用的乐器之一，于八音中属土，与土鼓属性一致，皆为《小师》所掌职，即"小师掌教鼓、鼗、柷、敔、埙、箫、管、弦、歌"。且鼓与埙皆列为圣人所作德音之属，详论礼乐关系的《史记·乐书》载子夏答文侯之语曰："然后圣人作为鞉（即鼗）、鼓、椌（即柷）、楬（即敔）、埙、篪，此六者，德音之音也。"故可推论，蜡祭中与土鼓相伴为用的歔奏乐器应为陶埙。

[2] 《十三经注疏·毛诗正义》，卷八。

二升，觯三升，角四升，散五升，因多寡以明尊卑。觥，在五爵之外，所受最多。"① 若训为角爵，则判归饮器范畴，与饮器五爵之制自相矛盾。因此，觥必不为饮器。且若以兕角为质而制七升（一说五升）之觥，实无可能。青铜觥有角饰，而非以兽角为质。称其"兕觥"，以其形似怪兽且容大贮酒之故尔。

其次，对比分析《周南·卷耳》的诗句"陟彼崔嵬，我马虺隤。我姑酌彼金罍，维以不永怀。陟彼高冈，我马玄黄。我姑酌彼兕觥，维以不永伤"②。姑且不论传笺注疏如何推衍，对诗旨做出后妃为君进贤之解，谨以文学创作视角观之，此两句结构一致，反复吟咏的作用诚如孔颖达《正义》所言"诗本畜志发愤，情寄于辞，故有意不尽，重章以申殷勤"③。再从乐句效果分析，既要避免单调呆板的简单重复，又要强调情感的意犹未尽，重章复沓之处必须偶换语词且确保整体句意顺承畅达。因此，金罍与兕觥应词性相同，词义相近，最大限度地保持一致，二者必为同一性质的器物。已知金罍是盛酒器，无异议，兕觥亦不应例外。而且金罍容一斛，兕觥容五升或七升，都是大容量的盛酒器，语意吻合，符合诗句的用词处理。诗中身份模糊的主人公并非郁郁寡欢地借酒浇愁，而是在深罍满觥之中倾注了牵念的等待与执著的期盼，隽永而含蓄地营造出惆怅的意境。

---

① 文渊阁《四库全书》本《尔雅翼》，卷十八。

② 《十三经注疏·毛诗正义》，卷八。

③ 同上。

𪭮引觥（西周早期器）

最后，以现代考古出土实物为证。上海博物馆藏𪭮引觥（如上图），为西周早期器。出土时，器内附有一斗，铭文与器盖相同。斗为挹酒器，与贮酒器觥配合使用，即宴饮之时，先用斗从觥中向外舀出酒，然后斟入饮器中。此器一出，前人之说可破，觥为贮酒容器明确无疑矣。

综上所述，觥、匜形制结构与纹饰特点根本不同，并非以有无器盖为本质区别。觥非以兕角为质，而是有角饰的青铜器。匜的适用范围比觥广泛，后者常作为祭祀与燕享礼器而使用。匜是与槃配合而用的注水盥器，但觥非饮器，而是与斗配合为用的贮酒容器。通过对觥、匜在礼仪程序中的应用实例分析，足证器物本身承载着积淀深厚的礼制文化意义。

五、兕觥与酒礼

觥不仅见用于蜡祭，在娱神歌咏中被反复吟唱，在酒礼中的应用还体现着儒家治政思想。蜡祭之后的饮酒礼，虽不属于蜡祭仪式，却是蜡祭活动必不可少的组成部分。

关于蜡祭之后例行饮酒礼的重要意义，《礼记·杂记》记载了孔子教导子贡之事：

> 子贡观于蜡。孔子曰："赐也，乐乎？"对曰："一国之人皆若狂。赐未知其乐也。"子曰："百日之蜡，一日之泽，非尔所知也。张而不弛，文、武弗能也；弛而不张，文、武弗为也；一张一弛，文、武之道也。"（《十三经注疏·礼记正义》，卷四十三）

每年十月举行的大饮酒礼与岁末蜡祭之后的饮酒礼是重要的飨燕嘉礼，常易混淆，其实二者有别。如郑注所言："十月，农功毕，天子、诸侯与其群臣饮酒于太学，以正齿位，谓之大饮。别之于他，其礼亡。"①而蜡祭后饮酒礼行于十二月，过程及意义与党正饮酒礼多有重合之处，参与者上至天子，下至平民，可谓举国共欢。郑玄《注》云：

> 岁十二月，合聚万物而索飨之祭也。国索鬼神而祭祀，则党正以礼属民，而饮酒于序，以正齿位。于是时，民无不醉者如狂矣。……大饮烝，劳农以休息之言。民皆勤稼穑，有百日之劳，喻久也。今一日使之饮酒燕乐，是君之恩泽。（《十三经注疏·礼记正义》，卷四十三）

春秋时期，孔子始创私家讲学，此前三代皆学在王官。饮酒于序，不

---

① 《十三经注疏·礼记正义》，卷十七《月令》。

仅体现了君王与民同乐的亲民思想，而且酒礼之中亦深蕴教化之意。孔子素来反对苛政，"劳农以休息之"①的做法体现着君主的仁恩，因此予以充分肯定，并大加赞许。儒家倡导的抒发情感的恰当方式，是在伦理道德许可的范围内，以温柔敦厚的谦和态度，符合礼法地婉转表达。因此，温婉有礼成为对人内在修养的要求，尽欢而不逾矩，亦为衡量举止文明的尺度。蜡祭之后气氛轻松的饮酒礼，在子贡看来，人们纵情畅饮的欢愉状态已然超越了礼仪规约，以至达到了"若狂"的境地。然而，这礼仪隆重、场面宏大的举国欢庆，却并非囿于口腹之乐的单纯享受，亦非如西方传统中泯灭了等级差别的狂欢节，恰恰相反，从另一侧面彰显着古人乐而不废礼的主导思想，即"以嘉礼，亲万民；以饮食之礼，亲宗族兄弟……以飨、燕之礼，亲四方之宾客……"②，具有联络亲族、稳固统治的实际功用。孔颖达《正义》云：

　　此孔子以弓喻于民也。张谓张弦，弛谓落弦。若弓久张而不落弦，则绝其弓力，喻民久劳而不息，则亦损民之力也。……若使民如此，纵今文、武之治不能使人之得所……"弛而不张，文、武弗为也"者，言弓久落弦而不张设，则失其弓之往来之体，喻民久休息而不劳苦，则民有骄逸之志。民若如此，文、武不能为治也，而事之逸乐……"一张一弛，文武之道也"者，言弓一时须张，一时须弛，喻民一时须劳，一时须逸。劳逸相参，若调之以道，化之以理，张弛以时，劳逸以意，则文、武得其中道也，使可以治。文、武为政之道，治民如此，故云："文武之道"也。（《十三经注疏·礼记正义》，卷四十三）

①《十三经注疏·礼记正义》，卷十七《月令》。
②《十三经注疏·周礼注疏》，卷十八《大宗伯》。

张弛有度的驭民统治术，不仅是反映民本思想的治国良策，而此蜡祭之后的饮酒礼更以"正齿位"原则为基本出发点，使以血缘关系为纽带的宗族关系得以强化，座次的排列体现着严明的长幼、尊卑的伦理秩序，即"至此农隙而教之尊长、养老，见孝悌之道也"①。同时，君主礼遇四方，以期天下归心，不尚武力征伐，而重在恩服，宴饮是深化感情、加强联系与沟通的有效方式。

兕觥陈列于筵席之上，不仅作为贮酒的容器，器物本身更承载并传达着礼的要求。如何训释郑笺则成为阐释这一文化现象的关键。郑笺释《卷耳》"兕觥"：

> 觥，罚爵也。缿燕所以有之者，礼自立司正之后，旅酬必
> 有醉而失礼者，罚之，亦所以为乐。(《十三经注疏·毛诗正
> 义》，卷一)

依郑笺，即以觥在此酒礼中的特殊功用而命之曰"罚爵"，对酒醉失礼者赐以觥罚。然而，究竟如何施罚，具体过程却已失载。孔颖达《正义》云：

> 缿燕之礼有兕觥者，以缿燕之礼，立司正之后，旅酬无算，
> 必有醉而失礼者，以觥罚之，亦所以为乐也。(同上)

旅酬，指祭献之后的饮酒不再限于严格的固定爵数，可不计其数地频

---

① 《党正》云："国索鬼神而祭祀，则以礼属民，而饮酒于序，以正齿位。壹命，齿于乡里；再命，齿于父族；三命而不齿。"正文引自郑玄《注》。(《十三经注疏·周礼注疏》，卷十二。)

繁举爵，即"无算爵"之意。而此尽欢之举，必有醉者，于是以觵觥为节制。《闾胥》之职"凡事掌其比，觥、挞罚之事"①。郑玄《注》："觥、挞者，失礼之罚也。"②既以之为罚，又何言"为乐"？貌似矛盾之说，却蕴含量刑轻重之别。因为觥非饮器，一觥之量为多，捧觥而饮视为不雅，故失礼轻者，赐其觥饮，以为取笑；失礼重者，则受荆条鞭挞，皆以为惩罚。酒筵之上，不尚豪饮，遂陈觥示戒，以此规范饮者的言行，而觥觥的造型又堪为酒筵间充满意趣的点缀。于是觥觥本身即体现了古人饮酒尽兴却不失礼，要求感情表达适度而不放纵的礼法准则。

---

① 《十三经注疏·周礼注疏》，卷十二。
② 同上。

第五章　古器图录所载乐器及相关文化考释

导言

由宋迄今的古器图录，都将乐器单独归类。就器物功用而言，食器、酒器、水器、兵器以及各类杂器，世人注重其物质层面的实用价值，而之于乐器，则更为注重在精神层面所发挥的作用。作为商周礼器之大宗的青铜乐器，是上古与夏、商、周三代文化的实物载体，不仅集科学原理与艺术表现于一身，而且彰显着与礼制的密切关系。究其要因，缘于以下四个方面。

第一，青铜乐器的适用阶层极具尊贵性。商周时代是青铜礼器发展的鼎盛时期，青铜合金是贵重的材料，为贵族专享，于是青铜器本身即成为贵族身份的象征，只有贵族才拥有铸造、享用青铜礼器的权利，而青铜乐器的选择搭配、陈设布局也体现着严格的等级制度，彰显着礼的威严。

第二，青铜乐器浑厚的音色与庄重的风格，不仅符合礼的要求，适合祭祀、宴飨、誓师等重要的礼仪场合，而且反映着商周礼制渐趋完备的时代特征。后世乐风皆与商周时代有别，唐宋以后的时代风貌更与三代迥异，以琵琶与琴筝为代表的弹拨乐器成为乐坛主流。

第三，以乐娱神是祭祀的重要环节。"八音"所涉及的乐器，其创制大多源于上古帝王的喜好，如有"农琴、羲瑟、娲笙、舜箫"①之说，这也是祭祀设置"以乐娱神"环节的依据所在。乐在上古时期即与神建立了联系，三皇五帝设立了司乐之官，《尚书·虞书·舜典》记述了虞舜令乐官夔教胄子乐舞的诏命：

> 帝曰："夔，命汝典乐，教胄子。直而温，宽而栗，刚而无虐，简而无傲。诗言志，歌永言，声依永，律和声。八音克谐，无相夺伦，神人以和。"夔曰："于！予击石拊石，百兽率舞。"（《十三经注疏·尚书正义》，卷三）

由此可推知，将美德教化的内容融入教授乐舞的过程中，而祭祀仪式中以乐娱神的终极目的在于"神人以和"。"和"作为中国古典文化中最为重要的概念之一，在诸多领域皆有体现，比如乐舞的效果、哲学的理念，以及政治的追求，皆以和谐为最佳境界。

第四，乐的本体及其载体都体现着鲜明的秩序性。首先，不同音符有序组合形成乐句，不同乐句有序连缀形成乐曲，构成乐曲的诸多元素以及多种配器的不同音色，无不在调式许可的范围内表现着独特的个性与差别，同时也在追求整体效果悦耳动听的主旨下确保和谐。这与礼制的主导思想相暗合，既要明确等级尊卑，整肃秩序，又要使民无怨怒而天下归心，营造和谐、融洽的社会氛围。尤其实施刚正、严明的礼法，辅以怀柔、典雅的乐，是恩威并施的治政方略得以实现

---

① 文渊阁《四库全书》本《乐律全书》，卷八。

的重要方式之一。其次，商周时期"学在王官"，贵族垄断着文化层，不仅掌握着话语权，而且也掌握着使用青铜礼器的权利，乐器自然也在其列，尤其在西周时代，庙堂乐歌堪为青铜乐器官方演奏的重要曲目。史称春秋战国时期"礼坏乐崩"，指的是东周王室衰微，诸侯争霸，僭越之举时有发生，西周建立的礼乐制度名存实亡。这种情形在乐文化上有着突出的反映，即雅乐式微，不再受到推崇，而带有不同地域特色的民歌小调竞相流传。由此现象，更可反观礼乐配合为用的时代意义，礼乐文明是西周时期官方确立的文化标准与政治形态，其内涵已然完备。最后，作为乐的发声工具与乐文化的物质载体，乐器更是科学与艺术的完美结合。关于青铜乐器的制作方法，在《周礼》《吕氏春秋》等先秦文献中皆有记述，说明至少在商代晚期之前，繁难的乐律理论"三分损益法"已经体系严密，并应用于勘定音准及乐器的生产制作。迄今可见的商周青铜乐器遗存，各项音乐技术指标的精确程度已为现代科学仪器所证实，而其典雅的形制、精美的纹饰、恢宏的气势以及演奏布局的方式无不传递着三代礼制的文化信息。

综上所述，剥离史前事迹的神话传说色彩，可以寻绎到礼乐共生的文化基点。质言之，礼乐结合的文化渊源始自上古，而成于商周。西周时期确立的礼乐文明是中国政治文明发展史上的里程碑。周公姬旦作为整合礼乐的关键人物，其卓著的历史功绩之一，在于使西周礼乐程序化、系统化，并使之与政治王权紧密结合。然而，西周礼乐结合的制度内涵与教化意义，皆导源于上古文化哲学的深厚积淀，即上古文化才是西周礼乐制度的终极源头，而西周礼乐以制度化为显著特征的整合过程是文化发展的必然结果。周公顺应了文化发展的趋势，完成了符合时代需要的礼乐整合，即以礼乐结合的独特方式及其深厚的文化内涵来实现并彰显政治制度的有序性。礼乐文明的概念由此形成，并于此基础上衍生出诸多儒家经义。礼乐文明的理想收效，即是通过由内而外的教化来实现整个社会的有序性，这正是后世王朝渴望实现的治世蓝图，自然也是北宋礼制改革的目标。

礼制改革是北宋的主要政治事件之一，发掘、著录出土古器，为礼制改革效法西周制礼作乐提供了实物依据，又仿三代形制铸造青铜乐器，把对礼乐文明的尊崇推向新的高度。北宋传世的两部乐书，一是仁宗朝阮逸、胡瑗奉勅撰写的《皇祐新乐图记》三卷，一是哲宗朝陈旸撰写的《乐书》二百卷。传世的两部最为重要的北宋古器图录，一部是哲宗时吕大临撰著的《考古图》，另一部是徽宗时王黼重修的《宣和博古图》，二著皆以著录商周古器为主，亦载少量秦、汉迄唐器物。无论乐书，还是图录，皆于礼制改革的时代风潮中应运而生。

《考古图》与《宣和博古图》旨在由器求礼，即通过著录器物，上溯三代之礼，故所载乐器以宋时可见的商周乐器遗存为主体，尤以周代乐器为多。《考古图》卷七专录乐器，载钟八器，磬一器，錞二器。《宣和博古图》卷二十二至卷二十五，载周代的钟一百零八器，卷二十六载磬四器，錞十九器，铎二器与钲九器。本章仅以图录所载商周乐器为研究对象。依照不同的标准，乐器可以划分为不同的类型，将诸多分类标准综合考虑，可以更加全面地分析出各类乐器的特点。其一，源自上古的八音分类法，即金、石、丝、竹、匏、土、革、木，是以制作乐器的不同材质作为分类的标准。虽然北宋古器图录所载乐器主要涉及"八音"之中的金、石两类，但通过梳理文献，发掘八音分类法所蕴含的文化哲学意义，是本章的研究重点之一。其二，按照不同功用分类，如钟、镈、钲、铎、錞等，即便同为青铜材质的乐器，器物的专名也标志着用途的差别。其三，按照不同的发声方式，主要分为打击乐器与弹拨乐器，打击乐器是三代乐器的主流，北宋古器图录所载乐器亦均为打击乐器。其四，按照适用场合不同，主要可分为宴乐乐器与军乐乐器两大类别，但时有交叉，如经考古证实，铙、錞于、鼓既可用于宴乐，亦可用于军乐。而对錞于形制的考辨、对其用制及纹饰文化含义的阐释是本章研究的另一个重点内容。

一、北宋古器图录所载乐器举要

如前文所述，《考古图》与《宣和博古图》所载商周乐器众多，此节仅举其要。结合分析宋人的注释，对相关文献进行勘校，运用现代古器研究方法，将北宋图录载器与今见古器遗存相比照，力求准确描述器物形制，并对代表性纹饰做出简明却必要的文化分析。

（一）青铜钟

1.《考古图》（卷七）所载钟八器

（1）走钟（太常）

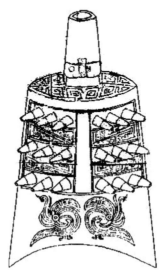

右五钟不知所从得，其铭同文，皆二十有二字。

一钟中今黄钟下二律，长尺有九寸八分，内甬衡长六寸九分，两舞相距尺有三寸七分，横七寸三分，两弯相距纵尺有六寸五分，横九寸三分。（令律即景祐中李照等所定不同。）

一钟中今蕤宾下二律，长尺有八寸八分，内甬横长六寸八分，两舞相距纵尺有五分，横七分，两弯相距纵尺有五寸，横七寸。

一钟中今太蔟下二律，长尺有九寸五分，内甬衡长六寸八分，两舞相距纵尺有二寸一分，横八寸六分，两弯相距纵尺有七寸三分，横九寸七分。

一钟特愚，中今林钟律，长二尺二寸五分，内甬衡长八寸一分，两舞相距纵尺有二寸一分，横九寸，两弯相距纵尺有八寸四分，横九寸有半。

一钟特愚，中今太蔟律，长二尺八分，内甬衡长七寸三分，两舞相距纵尺有一寸一分，两弯相距纵尺有七寸半，横尺有九寸半。

按，《集古》云："……景祐中，修大乐。冶工给铜，更铸编钟。得古钟，有铭于腹，因存而不毁，即'宝龢钟'也。余知太常礼院时，尝于太常寺按乐，命工扣之，与王朴夷则清声合。初，王朴作编钟皆不圆。至李照等奉诏修乐，皆以朴钟为非。及得'宝龢'，其状正与朴钟同，乃知朴为有法也。"

【案】此器为长腔有甬有旋干直鼓式钟。王黼案语引自《集古录》卷一，此段文字欧阳修书于嘉祐末年[1]，记述北宋仁宗朝修乐事。此则文献所反映的情况表明宋代去古既远，三代铸器标准已湮没无闻，但"取法乎上"始终是宋代铸造青铜礼器的追求，这与礼制改革的要求相

---

[1]　此段文末著明欧阳修"嘉祐八年六月十八日书"。（文渊阁《四库全书》本《集古录》，卷一）

一致。另外，关于此钟的名称，现代考古依据铭文研究提出一种解说，即"应歌的钟称之为歌钟，应乐的钟称为龢钟，随从出行乐队使用的钟称为行钟、从钟或走钟"[①]。

（2）迟父钟（太常）

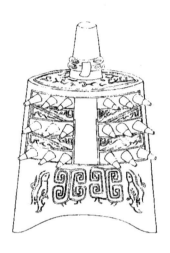

右不知所从得。中今太蔟下二律。长二尺一寸有半，内甬亦长八寸八分，两舞相距纵尺有二寸一分，横八寸六分，两弯相距纵尺有八寸四分，横九寸有半，铭三十有七字。

按，《考工记》："凫氏为钟，两栾谓之铣，铣间谓之于，于上谓之鼓，鼓上为之钲，钲上谓之舞，舞上谓之甬，甬上谓之衡。"注云："铣，钟口两角。于，钟唇之上袪也。鼓，所击处。甬与衡，钟柄也。"又"钟带谓之篆，篆间谓之枚，枚谓之景"。注云："带，所以介其名也，介在鼓、钲、舞、甬、衡之间，凡四。"又云："枚，钟乳也。"今时钟乳侠鼓与舞每处有九面三十六。以此制考古钟，皆合古之乐钟。美而不圆，皆有篆

---

① 马承源.中国青铜器（修订本）[M].上海：上海古籍出版社，2003〔1）：277.

间之枚，故其声一定而不游，与众乐不相夺。今钟多圆而无枚，故其声与古相反。又此钟铭云"林夹钟"，今考其声，甚下，盖不可考。

【案】此器为阔腔有甬有旋干阔鼓弧铣式钟。王黼案语引《周礼·考工记·凫氏》篇，对钟各部位名称做了详细的说明。虽然钟形制多样，各部位名称却是相同的。乐器声音相夺伦是奏乐之大忌。和谐，既是奏乐的追求，也是制器的要求。

（3）鄦子钟（丹阳苏氏）

右得于颍川。高寸七分，缩五寸，衡三寸八分，重四斤十二两。声未考。铭六十有五字。

按，《史记》："郑悼公元年，鄦公恶郑于楚。"徐广曰："鄦，音许。许公，灵公也。"《左氏传》鲁成公五年："许灵公愬郑伯于楚。（六月）[1]，郑悼公如楚讼，不胜。"以是推之，许灵公即鄦公。鄦、许，文异而音义同。

---

[1]　此处"六月"二字夺文，据《十三经注疏·春秋左传正义》补。

【案】此器为阔腔桥纽平口式钟。王黼案语所引文献见载于《史记·郑世家》与《春秋左传正义》鲁成公五年事。若此钟与文献所载故事直接相关，则应为春秋战国时器。《历代钟鼎彝器款识法帖》亦载此钟铭文，并引《考古图》此则文献。

（4）秦铭勋钟（内藏，薛编作"盠和钟"）

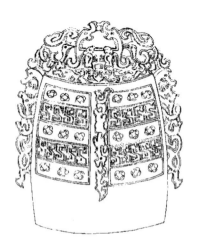

右不知所从得。口径衡尺有五寸，缩尺有三寸九分，深二尺二寸六分，顶径衡尺有二寸，缩尺有一寸，柄高八寸，卦柄四垂，为卷云藻文之饰。声未考。铭百有三十九字。

杨南仲云："秦钟。其铭云：'十有二公'"。按，秦自周孝王始邑非子，于秦为附庸。平王始封襄公为诸侯。非子至宣为十二世，自襄公至桓公为十二世，莫可考知矣。

《集古》云：按《史记·（秦）①本纪》：自非子邑秦，而秦仲始为公，襄公始为诸侯。于《诸侯年表》则以秦仲为始。今据《年表》始秦仲，则至康公为十二公。此钟为诸侯作也。据《本

―――――――――

① 此处"秦"字夺文，据中华书局《二十四史》本《史记》补。

纪》自襄公始，则至桓公为十二公，而铭钟著当为景公也。未
知孰是，姑俟博识君子定之。

【案】此器为桥纽长腔卷云有脊式钟。形制相对较大，堪称为镈。
镈的形制与纽钟相同，故有镈钟之称，但其形体特大，是大型单个打
击乐器，盛行于春秋战国时期，与编钟、编磬相合为用[①]。王黼所引《集
古录》文献为欧阳修释"秦昭和钟铭"，原文如下：

> 按《史记·秦本纪》：自非子邑秦而秦仲始为大夫，卒；庄
> 公立，卒；襄公、文公、宁公、出公、武公、德公、宣公、成
> 公、穆公、康公、共公、桓公、景公相次立。太史公于《本纪》
> 云："襄公始列为诸侯。"于《诸侯年表》则以秦仲为始。今据《年
> 表》始秦仲，则至康公，为十二公。此钟为共公时作也。据《本
> 纪》自襄公始，则至桓公为十二公，而铭钟者当为景公也。故
> 并列之，以俟博识君子。治平元年二月社前一日书（文渊阁《四
> 库全书》本，卷一）

薛尚功《历代钟鼎彝器款识法帖》对此钟铭文亦做分析，与《考古图》
《集古录》载事虽同，但阐释稍详，悉录原文于下，以资参考：

> 右钟铭，按《古器物铭》云："丕显朕皇祖受天命奄有下国
> 十有二公"，欧阳文忠公《集古录》以为太史公《史记》于《秦
> 本纪》云襄公始列为诸侯，而《诸侯年表》则以秦仲为始。今
> 据《年表》始秦仲，则至康公为十二公，此钟为共公时作也。

---

① 马承源．中国青铜器（修订本）[M]．上海：上海古籍出版社，2003（1）：283．

据《本纪》自非子为周附庸，邑于秦。至秦仲，始为大夫。仲
死，子庄公，伐破西戎。于是复予秦仲后及其先大骆地，犬丘
并有之，为西垂大夫。庄公卒，子襄公代立。犬戎之难，襄公
有功周室。于是平王始封襄公为诸侯，赐之岐以西之地。曰：
"戎无道，侵夺我岐、丰之地。秦遂能攻戎，即有其地与，誓封
爵之襄公。"于是始国，与诸侯通使聘享之礼。而《诗》美襄
公，亦以能取周地，始为诸侯，受显服。盖秦仲初，未尝称公。
庄公虽称公，然犹为西垂大夫，未立国也。至襄公始国，为诸
侯矣。则铭所谓"奄有下国十有二公"者，当自襄公始。然则，
铭斯钟者，其景公欤？此钟铭一百四十二字，藏在御府。皇祐
间，尝模其文以赐公卿，杨南仲为图刻石者也。（文渊阁《四库
全书》本，卷七）

（5）楚邛仲嬭南和钟（眉山苏氏）

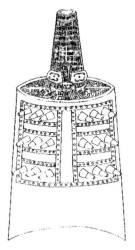

右得于钱塘。量、度、声未考。铭二十有九字。

按，《类编篇》云："媵，送也。嬭，姊也。"盖楚之送女之
器。谓之"南和钟"者，乐县在南也。《仪礼·大射礼》云："阼阶

东，笙磬西南（面），其南笙磬；西阶之西，颂磬东西（面），其

南钟①。"

【案】此器为长腔直铣式钟。媵器即陪嫁器物。种类很多，目前发

现有铭文的青铜媵器已涉及食器、酒器、盥器等诸多器类，乐器也在

其列。薛尚功亦著录此器，并悉引《考古图》原文，二者相比勘，可

证此则文献中文字错讹难通之处：

> 《考古图》云："按，《类篇》云：'媵，送女也。嬭，姊也。'
> 盖楚文送女也。器谓之'南和钟'者，乐县在南也。《仪礼·大
> 射仪》云：'阼阶东，笙磬西面，其南笙钟。……西阶之西，颂
> 磬东面，其南钟。'"（文渊阁《四库全书》本《历代钟鼎彝器款
> 识法帖》，卷六）

另，《仪礼·大射》载乐器陈设布局原文如下，据此分析，知薛著为确：

> 乐人宿县于阼阶东，笙磬西面，其南笙钟，其南镈，皆南
> 陈。建鼓在阼阶西南鼓，应鼙在其东南鼓。西阶之西，颂磬东
> 面，其南钟，其南镈，皆南陈。一建鼓，在其南东鼓，朔鼙在
> 其北。一建鼓在西阶之东南面。簜在建鼓之闲。鼗倚于颂磬西
> 纮。（《十三经注疏·仪礼注疏》，卷十六）

---

① 此则文献与《仪礼》原文有出入，"南""西"二字疑为"面"字之讹，括号内为更正
之字。

（6）聘钟（河南寇氏）

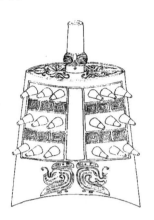

　　右不知所从得。高尺有九分，两舞相距纵七寸，两弯相距
纵八寸八分。铭十有四字。声未考。

【案】此器为阔腔有甬有旋干直铣浅于式钟。《考古图》所载太常
保藏的"走钟"与此器，皆鼓饰鸟体花冠龙纹，这是青铜钟最为华美
精致的常见纹饰之一，如陕西扶风豹子沟出土的"南宫乎钟"、陕西扶
风法门镇任家村出土的"梁其钟"与相传清末陕西出土的"虢叔旅钟"
均为西周晚期制器，皆为此类。

南宫乎钟（西周晚期）　　　　　梁其钟（西周晚期）

虢叔旅钟（西周晚期）

（7）特钟、编钟（京兆吕氏）

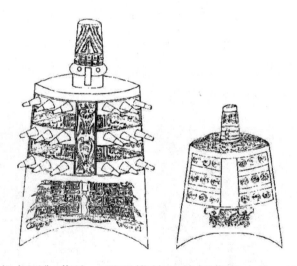

【案】《考古图》摹绘二器形模并记其保藏者。然，无更多的文字信息。此特钟为长腔有甬有旋干式钟，形体较大，单独悬挂。为编悬于簨簴之上的青铜钟，称为编钟。其数有十二、十四、十六、二十四、二十八、三十二等不同说法，尤以十六枚者居多。此编钟为阔腔有甬有旋干式钟。

2.《宣和博古图》卷二十二载钟十七器（选三器）

（1）周齐侯镈钟

右高一尺七寸五分，钮高二寸一分，阔二寸三分，两舞相距一尺一寸八分，横九寸四分，两铣相距一尺四寸七分，横一尺二寸三分，重一百二十二斤八两，铭四百九十二字。按，是器，今考其铭文，有曰"师于淄陲"。按，太公吕望，周封于爽鸠之墟，营丘之地，是为齐郡，今临淄是也。曰"命汝政于朕三军肃成朕师旟之政州申"，以诰戒之辞也。曰"咸有九州"，则齐之封域，有所谓临淄、东莱、北海、高密、胶东、太山、乐安、济南、平原，盖"九州"也。曰"处禹之都"者，齐，四岳之后。四岳佐禹有功，封于申、吕，故言"处禹之都"也。曰"不显穆公之孙其配㙓公之妭"，而"餧公之女"者，盖古之彝器不独铭其功业，而又及其配偶之事。是犹《诗》言"齐侯之子""卫侯之妻""东宫之妹""邢侯之姨"，皆纪其当时婚姻异姓之国也。曰"择吉金……用作铸其宝镈"者，镈，钟属也。王安石解其字，以谓"厚，以厚物为大；薄，以薄物为小。镈，从薄，训小故也。"《国语》曰："细钧，有钟无镈，尚大故也；

大钧，有镈无钟，尚细故也。"以此推之，则镈比特钟为小，比编钟为大。今此钟铭曰"镈"，考其形制，乃大于钟。盖春秋之时，礼乐、征伐自诸侯出，而等夷制度无复先王之法，而妄自夸大耳。以《周官》制器，则首言《钟师》，而以《镈师》为之次，是其大小自异。而此制器之时，盖齐之中世，其实周钟也。详其铭或，受锡者三。一曰"锡汝厘都其县三百国徒三千"，二曰"锡汝车马戎都厘仆二百有五十家"，三曰"锡乃吉金鈇镐错镠鋈鑢乃用作铸其宝钟或"。盖齐之巨臣，以勋庸显者，其锡蕃庶如此，其铭之铺张又如此。此臧武仲所谓"作彝器，铭功烈，以示子孙，以昭明德"者也。齐之中世，桓公之业替焉。文字之传，尚复灿然，可观若此。"周监于二代，郁郁乎文哉"，信矣！

【案】此器为阔腔兽纽平口鸟脊式钟，形制相对高大，故称为镈钟。依铭文分析，为春秋战国时期齐国制器。陕西扶风任家村出土的"克钟"（如下图），亦称"克镈"，为西周晚期制器。形制、纹饰，尤其是钟腔有四道透雕交龙纹扉棱，与此器颇相似。《考古图》所载"秦铭勋钟"亦为此类。

克钟（西周晚期）

《史记》详细记述了齐国的建立及其世系，关于太公其人及齐国疆域，《齐太公世家》如是说：

> 太公望吕尚者，东海上人。其先祖尝为四岳，佐禹平水土甚有功。虞夏之际封于吕，或封于申，姓姜氏。夏商之时，申、吕或封枝庶子孙，或为庶人，尚其后苗裔也。本姓姜氏，从其封姓，故曰吕尚。……于是武王已平商而王天下，封师尚父于齐营邱。……（《二十四史》本《史记》，卷三十二）

据铭文分析，此钟为齐国制器。王黼认为其规模过大，制度逾等，超越了诸侯王身份可以享用的礼遇规格，故判之为春秋时器，是周王室衰微，诸侯王势力膨胀时期的产物。而此钟又延续着西周以来恢宏庄严的总体风格。因此，王氏认为此镈钟为齐桓公称霸之世所制，是具有合理性的。薛尚功亦著录此器，释文主旨大致相同，亦有异文，其文如下，以资参考：

> 右铭文有曰"师于淄陲"，按太公望封于爽鸠之墟，营丘之地，是为齐郡，今临淄是也。曰"命汝政于朕三军缀成朕师旗之政"，则申以告戒之辞也。曰"咸有九州"，则齐之封域，有所谓临淄、东莱、北海、高密、胶东、太山、乐安、济南、平原，盖"九州"也。曰"处禹之都"者，齐，四岳之后。四岳佐禹有功，封于申、吕，故言"处禹之都"也。曰"不显穆公之孙其配壎"，恐是"夔"字。公之"妁"，《字书》无从出，恐是"妊"字，音乏，女好貌。而"餲公之女"者，盖古之彝器不独铭其功业，而又及其配偶之事。是犹《诗》言"齐侯之子""卫侯之妻""东宫之妹""邢侯之姨"，皆纪其当时婚姻异

姓之国也。曰"穀择吉金……用作铸其宝镈"者,《字说》以谓"厚,以厚物为大;薄,以薄物为小。"铸从薄,训小故也。《国语》曰:"细钧,有钟无镈,尚大故也;大钧,有镈无钟,尚细故也。"以此推之,则镈钟比特钟为小,比编钟为大。今此钟铭曰"镈",考其形制,乃大于特钟。盖春秋之时,礼乐、征伐自诸侯出,而等威制度无复先王之法,而妄有夸大耳。以《周官》制器,则首言《钟师》,而以《镈师》次之,是其自异。而此制器之时,盖齐之中世,其实周钟也。详其铭文,受锡者三。一曰"锡汝厘都……其县二百……国徒三千",二曰"锡汝车马戎兵厘仆二百有五十家",三曰锡乃"吉金鈇镐玄鏐鏽铝用作铸其宝镈"。齐侯以勋庸显著,其锡蕃庶如此,其铭之铺张又如此。此臧武仲所谓作彝器铭功烈,以示子孙,以昭明德也。齐之中世,桓公之业替焉。文字之传尚复粲然可观若此,"周监于二代,郁郁乎文哉",信矣!(文渊阁《四库全书》本《历代钟鼎彝器款识法帖》,卷七)

(2)周齐侯镈钟

  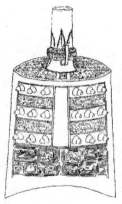 

周齐侯镈钟一　　　周齐侯镈钟二　　　周齐侯镈钟三　　　周齐侯镈钟四

第一器，高一尺五分，甬长三寸七分，径一寸二分，两舞相距四寸五分，横三寸二分，重二十八斤，铭八十五字。

第二器，高一尺一寸六分，甬长四寸五分，径一寸，两舞相距六寸五分，横四寸六分，重三十一斤有半，铭七十三字。

第三器，高一尺二分，甬长五寸五分，径一寸三分，有旋，两舞相距七寸，横五寸六分，两铣相距七寸五分，横五寸六分，枚三十六，各长七分，重三十五斤，铭八十一字。

第四器，高九寸三分，甬长五寸四分，径一寸二分，有旋，两舞相距五寸八分，横五寸，两铣相距六寸二分，横五寸三分，枚三十六，各长七分，重三十斤，铭七十二字。

右四器，形制皆相肖，但巨细不等。自第一器至第四器，其铭文叙致初疑当合为一。及得"齐侯镈钟"铭观之，则辞语先后，果与今所次者适相吻合。有曰"虩伐履司败乃灵师伇少臣惟辅咸有九州处禹之都"，至于"锡乃吉金"，则次三之钟辞也。有曰"鈇镐玄镠鏾铝乃用作铸其宝钟"，至于"母或承类"，则次四之钟辞也。合四钟之辞，至是语而止矣。此又或详或略之不同也。是钟，齐物也。齐自太公望得国，而周天子使召康公命之曰"五侯九伯，汝实征之，以夹辅王室。东至于海，西至于河，南至于穆陵，北至于无棣，皆得而正之"。故自太公流泽之久，迄于桓公，凡兵车之会三，乘车之会六，而终以霸焉。是器，必首称"于桓公"者，其以此也。至于言封域之出处，世次之先后，锡赍之多寡，此不复论。盖已具于"齐侯镈钟"矣。

【案】此四器皆有甬有旋干，第一器为长腔弧铣阔于式钟，第二器为长腔直铣式钟，第三器为阔腔浅于式钟，第四器为阔腔直铣式钟。

宋薛尚功撰《历代钟鼎彝器款识法帖》卷八载"齐侯钟"十三器铭文及释读，并指出了"齐侯钟"与"齐侯镈钟"之间的关系："右钟铭凡十有三，乃'齐侯钟'铭分以铭之，其文辞比'齐侯镈钟'铭亦有详略不同者。"[1] 而对器物所载史实的判断，薛著则悉引《宣和博古图》中的此则文献。

《史记·齐太公世家》记述了齐国逐渐强盛的过程：

> 太公至国，修政，因其俗，简其礼，通商工之业，便鱼盐之利，而人民多归齐，齐为大国。及周成王少时，管蔡作乱，淮夷畔周，乃使召康公命太公曰："东至海，西至河，南至穆陵，北至无棣，五侯九伯，实得征之。"齐由此得征伐，为大国，都营邱。（《二十四史》本《史记》，卷三十二）

司马迁的这段记载显然是以《左传》僖公四年事作为重要参考：

> 四年春，齐侯以诸侯之师侵蔡。蔡溃，遂伐楚。楚子使与师言曰："君处北海，寡人处南海，唯是风马牛不相及也。不虞君之涉吾地也，何故？"管仲对曰："昔，召康公命我先君大公曰：'五侯九伯，女实征之，以夹辅周室。'赐我先君履，东至于海，西至于河，南至于穆陵，北至于无棣。尔贡包茅不入，王祭不共，无以缩酒，寡人是征。昭王南征而不复，寡人是问。"对曰："贡之不入，寡君之罪也。敢不供给？昭王之不复，君其问诸水滨。"（《十三经注疏·春秋左传正义》，卷十二）

---

[1] 文渊阁《四库全书》本《历代钟鼎彝器款识法帖》，卷八。

齐国名相管仲是成就桓公霸业的股肱之臣，以周王室赐予齐太公特权作为征伐的理由，更加突显出齐国不同于其他诸侯国的显赫地位。宋人著述中所载的几组齐侯钟与镈，无论其形制、纹饰，还是铭文，皆可反映出当时礼乐隆盛的宏大规模。

（3）周迟父钟

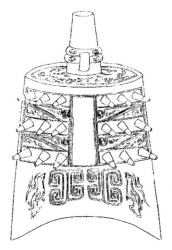

右高一尺二寸，甬长六寸，径一寸五分，两舞相距九寸，横六寸七分，两铣相距一尺三分，横七寸五分，枚三十六，各长一寸四分，重四十五斤，铭四十字。是钟，迟父为姬齐姜作也。曰"用昭乃穆穆不显龙光"，则"穆穆"以言其钦和。"不显"以言其甚显。而"龙光"者，又言其承天子之宠光也，《诗》言"为龙为光"是矣。盖钟，乐之大者，乐所以示其和，而铭之所载又以形容其和之之德福以类应。故"祈此（勾）多福"[①]，亦求福不回之谓也。是其所以为子孙无疆之传焉。

【案】此器为阔腔有甬有旋干阔鼓弧铣式钟，《考古图》卷七所载

---

① 薛尚功悉引此则文献，"祈勾多福"源于器物铭文，故疑《宣和博古图》中"此"字为讹。

"迟父钟"与之形制悉同,但文献所记大小尺寸以及铭文字数皆不相同,故二者并非一器。薛尚功著录"迟父钟"四器铭文,除《考古图》《宣和博古图》所载二器之外,另二器铭文分别源于《维扬石本》与《古器物铭》。此器鼓饰交叠式雷纹,是钟的代表性纹饰之一。陕西长安张家坡西周墓出土的"井叔钟"以及日本泉屋博古馆藏"楚公豪钟"纹饰、形制皆与之相类,可为参考。

井叔钟(西周中期)　　楚公豪钟(西周晚期)

《诗经·小雅·蓼萧》有"蓼彼萧斯,零露瀼瀼。既见君子,为龙为光。其德不爽,寿考不忘"[1]之句,据毛亨《传》,"龙"为"宠"之通假字,故郑玄《笺》云:"为宠为光,言天子恩泽光耀,被及己也。"孔颖达《正义》曰:"言远国之君,蒙王恩泽,今皆来朝。既得见君子之王者,为君所宠遇,为君所光荣,得其恩意,又燕见笑语,使四海称颂之不忘也。"[2]王黼据《诗》而训此钟铭。

---

① 《十三经注疏·毛诗正义》,卷十。

② 同上。

3.《宣和博古图》卷二十三载周钟四十器（选十一器）

（1）周夔首钟

右高一尺八寸四分，甬长九寸二分，径二寸五分，有旋，两舞相距一尺，横七寸三分，两铣相距一尺一寸八分，横九寸，枚三十六，各长二寸一分，重七十九斤，无铭。是器，遍体饰以夔首。按，《周官·凫氏》论钟之制，惟篆带之外，略无它饰。而此饰以夔首者，盖后世变易而为之也。夔著之鼎彝，为食饮之节。然则，状之于钟，亦所以节乐耳。

【案】此器为长腔狭鼓浅于式钟。示戒说，是古人阐发纹饰与器物关系的重要观点。此则文献也是据此而提出了夔纹之于乐器的示戒意义。

（2）周特钟

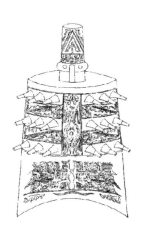

　　右高二尺三寸，甬长一尺二寸六分，径三寸，两舞相距一尺三寸，横一尺一寸一分，两铣相距一尺五寸三分，横一尺一寸六分，枚三十六，各长二寸五分，重一百二十八斤有半，无铭。此特钟也。按，《礼图》以十六枚同在一簨虡，谓之编钟。至于特钟，则独垂而已。盖比它钟而黄钟律倍半，枚极修大，衡甬室实，自于而上至于篆带间，皆作云气。非文盛之世，曷能底此？

【案】此器为长腔阔鼓直铣式钟，与《考古图》卷七所载"特钟"形制、纹饰皆相似。就宋代的计量标准而言，二尺已是十分高大，此钟堪称特大。此则文献从悬挂的不同方式，说明了特钟与编钟的关系。

（3）周大编钟

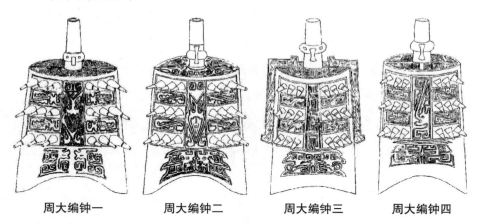

周大编钟一　　　　周大编钟二　　　　周大编钟三　　　　周大编钟四

　　第一器，高一尺六寸，甬长八寸，径一寸二分，两舞相距七寸九分，横五寸三分，两铣相距一尺八寸，横八寸，枚三十六，各长一寸六分，重四十六斤二两，无铭。

　　第二器，高一尺四寸二分，甬长七寸，径一寸一分，两舞相距八寸四分，横六寸三分，两铣相距九寸九分，横六寸八分，枚三十六，各长一寸五分，重三十九斤三两，无铭。

第三器，高一尺二寸七分，甬长六寸三分，径一寸，两舞相距八寸，横五寸四分，两铣相距九寸，横五寸八分，枚三十六，各长一寸四分，重二十五斤七两，无铭。

第四器，高一尺一寸八分，甬长五寸七分，径一寸六分，两舞相距七寸三分，横五寸，两铣相距八寸二分，横五寸，枚三十六，各长一寸五分，重二十三斤有半，无铭。

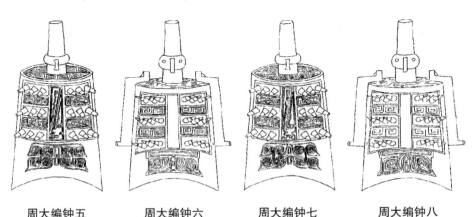

周大编钟五　　　　周大编钟六　　　　周大编钟七　　　　周大编钟八

第五器，高一尺五寸六分，甬长七寸二分，径一寸二分，两舞相距七寸五分，横五寸七分，两铣相距八寸六分，横五寸四分，枚三十六，重三十八斤五两，无铭。

第六器，高一尺四寸七分，甬长七寸二分，径一寸二分，两舞相距八寸二分，横五寸七分，两铣相距八寸五分，横六寸一分，枚三十六，重二十九斤一十二两，无铭。

第七器，高一尺六寸，甬长六寸五分，径一寸五分，两舞相距八寸七分，横六寸一分，两铣相距八寸四分，横六寸，枚三十六，重三十一斤有半，无铭。

第八器，高一尺四寸，甬长四寸六分，径一寸二分，两舞相距七寸二分，横五寸五分，两铣相距七寸六分，横四寸九分，枚三十六，重三十斤四两，无铭。

右八器，凡编钟，小于镈。而今此数器为特大，岂其律数加倍而成之者欤？篆带之上，皆有盘夔，而攠、隧之间，亦复如此。衡甬、旋虫同于质素，若出一体。惟"三"与"八"二器，自两舞循而下，翼然如舟之有稜，为特异耳。且古之乐钟，形范非圆，属干于篪而扣之，则牢结不动。后世圆其制而虚系以直垂。值其考击，则摇曳而生余韵，失之远矣。观此数钟，诚为得法。

【案】此八器皆有甬有旋干，但形制各有特点。第一器为阔腔弧铣式钟，第二器为长腔弧铣式钟，第四器、第五器与第七器为长腔直铣式钟，第三器、第六器与第八器为长腔直铣垂翼式钟。且第三器为浅于式，垂翼有纹；第六器与第八器垂翼素面。

编钟、编磬是演奏大乐套曲的主要乐器，在重大礼仪场合发挥重要作用，金石之音的典雅清韵与其恢宏的配器规模，皆是当时礼乐隆盛的实物佐证。《论语·微子》篇记述了春秋以后礼崩乐坏的情况，然而透过此则文献，更可反观钟鸣鼎食是确实存在过的文化现象，其文如下：

太师挚适齐，《亚饭》干适楚，《三饭》缭适蔡，《四饭》缺适秦。鼓方叔，入于河；播鼗武，入于汉；少师阳、击磬襄，入于海。（《十三经注疏·论语注疏》，卷十八）

太师挚逃往齐国，负责演奏《亚饭》的乐师干逃往楚国，负责演奏《三饭》的乐师缭逃往蔡国，负责演奏《四饭》的乐师缺逃往秦国，司鼓的乐师方叔迁居到黄河一带，司鼗的乐师武迁居到汉水一带，少师阳与击磬的乐师襄皆迁居到海边，鲁国的乐师分逃四散，正乐不得显扬，孔子因此而扼腕叹息。

（4）周双凤钟

　　右高九寸六分，甬长四寸九分，有旋，两舞相距六寸八分，横五寸六分，两铣相距七寸六分，横五寸九分，枚三十六，各长九分，重十有七斤五两，无铭。是钟，甬、干纯素，鼓间以双凤为饰，顶上复作八凤，有徊翔之状。凤，瑞世之物。此所以取象者，盖本诸此。

【案】此器为阔腔有甬有旋干式钟。凤纹具有多种表现形态，其形象发展渐变，到西周穆王时期为最盛。"有羽之虫三百六十而凤凰为之长"[①]，凤凰为四灵之一，是尊贵的瑞鸟，身上纹彩意寓五常[②]。凤鸟降临素来被认为是盛世的明证，是对政治的肯定，更是对君王美德的嘉奖。

凤鸟与音乐的渊源关系可上溯至虞舜时代。《周礼·大司乐》郑玄《注》引《虞书》云：

---

① 文渊阁《四库全书》本《大戴礼记》，卷十三《易本命》。
② 凤寓五德观念参见第三章所附《商周青铜器与新石器时代陶器、玉器文化关系考释》一文。

夔曰："戛击鸣球、搏拊、琴瑟以咏，祖考来格，虞宾在位，群后德让，下管鼗鼓，合止柷敔，笙镛以间，鸟兽跄跄，箫《韶》九成，凤皇来仪。"（《十三经注疏·周礼注疏》，卷二十二）

贾公彦《疏》：

云"箫《韶》九成，凤皇来仪"者，《韶》，舜乐也。若乐九变，人鬼可得而礼，故致得来仪。（同上）

《韶》为虞舜所创之善乐，演奏到极致，凤鸟才会显现。换言之，凤鸟非盛德、至乐无以降。凤鸟纹饰盛行于西周，与文王时凤鸣岐山之典、成王时周公制礼作乐之事都密切相关。西周所确立的礼乐制度，意在修己安人，通过塑造符合儒家理想的内在品格与心性，培养起对现世尊卑等级的认同，以及对宗法制度的自觉循守，从而实现外在社会秩序的人伦和谐。凤鸟作为承平盛世的祥瑞之兆，其文化意义于商周之际业已确立。因此，铸凤纹于乐器实际上寄寓着美好的治世理想。

4.《宣和博古图》卷二十四载周钟三十一器（选三器）

（1）周旋纹钟

右高八寸七分，甬长四寸，径一寸九分，两舞相距六寸七分，横四寸五分，两铣相距八寸一分，横五寸一分，枚三十六，各长六分，重一十八斤十有一两，无铭。是器，制作纯质，而三十六枚，各作螺纹旋转之状。夫作乐之声，贵夫回旋不迫，则声之所以流畅也。若乃噍以杀，则知其为哀；粗以厉，则知其为怒。是岂回旋不迫之义耶？盖"音声之道与政通"，而昔人于制器尚象者如此。若夫量其小大，则非镈与编钟之类，其特钟欤？但潜秘深壤为日已久，叩之嘶郁，无从考其所中者何声耳。

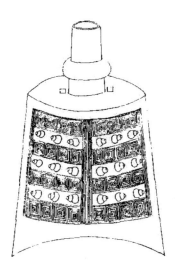

【案】此器为阔腔有甬有旋狭鼓式钟。礼乐文明作为政治清明的表征，是社会秩序谨然的体现，乐也由此成为考察政治、民风的重要方面。对此，《礼记·乐记》详为论述：

> 凡音者，生人心者也。情动于中，故形于声。声成文，谓之音。是故治世之音，安以乐，其政和；乱世之音，怨以怒，其政乖；亡国之音，哀以思，其民困。声音之道与政通矣。
> （《十三经注疏·礼记正义》，卷三十七）

此则文献总结了音乐风格与政治民生的关系，成为中国古典乐论的重要观点。

（2）周细雷纹钟

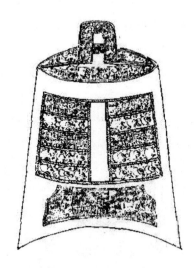

　　右高五寸三分，钮高一寸一分，阔九分，两舞相距三寸三分，横二寸五分，两铣相距四寸，横五寸，枚三十六，各长一分，重二斤十有一两，无铭。枚作螺纹状，间以蟠螭，顶间又为对立纯，以雷纹饰其钮。考古之鼎彝，多著雷纹间错，独于乐而不然？盖鼓、钟之音所以祀天地、享鬼神、交宾客、锡有功，非是数者，而淫于乐，而为流连之过焉。岂不如雷之有害耶？又，况雷有回旋之义，凡乐还相为宫，以顺四时之气，则亦寓诸回旋之意也。隋文帝作乐，而惟主黄钟一钧。世名知乐者，莫不非之。事不师古，则失其深旨，奚可哉？

　　【案】此器为阔腔桥钮浅于式钟。"祀天地"指每年祭祀天地的重要仪式，"享鬼神"尤指拜谒祖庙、祭奉先祖的礼仪，"交宾客"用于宴乐，尤见于正式的外交待客之礼，"锡有功"用于征伐、誓师时以乐彰显声威，出征时以乐鼓舞士气，凯旋时以乐欢庆成功。以上四种情况，是大乐套曲的主要应用场合，且不同场合皆有专用之乐。

（3）周百乳钟

　　右高九寸四分，甬长四寸九分，径一寸四分，有旋，两舞相距八寸二分，横五寸二分，枚三十六，各长八分，重一十七斤十有二两，无铭。是器，枚景之外，饰以百乳，故与它器稍异。且乳所以养人，而乐亦养人。《语》曰："乐云乐云，钟鼓云乎哉！"则乐之道虽不在于钟鼓，而乐之作自钟鼓始也。是以礼天地、谐人神、育万物，莫不本于此，则其为养，孰大焉？昔人取象立法，固必有垂世之规，兹器是也。

【案】此器为长腔有甬有旋直铣式钟。王黼据《论语·阳货》篇阐释用乐之主旨：

　　子曰："礼云礼云，玉帛云乎哉？［注：郑（玄）曰："玉，圭璋之属；帛，束帛之属。言礼，非但崇此玉帛而已，所贵者乃贵其安上治民。"］乐云乐云，钟鼓云乎哉？"［注：马（融）曰："乐之所贵者，移风易俗，非谓钟鼓而已。"］（《十三经注疏·论

语注疏》，卷十七）

宋邢昺疏云：

> 此章辨礼乐之本也。"子曰：礼云礼云，玉帛云乎哉"者，
> "玉，圭璋之属；帛，束帛之属"，皆行礼之物也。言礼之所云，
> 岂在此玉帛云乎者哉，言非但崇此玉帛而已，所贵者在于安上
> 治民。"乐云乐云，钟鼓云乎哉"者，钟鼓，乐之器也。乐之所
> 贵者，贵其移风易俗，非谓贵此钟鼓铿锵而已。故孔子叹之，
> 重言之者，深明礼乐之本，不在玉帛、钟鼓也。（同上）

孔子言礼乐，以这两个反问句来表达否定的含义，即礼的意义不在于
礼器，乐的意义也不在于乐器，而是要通过这些外在的形式来表达精
神上的追求，即礼贵敬而乐贵和。通过认识礼乐的本质而提高修养，
无论社会秩序，还是人伦关系，皆合乎自然规律，即会诸事和谐，从
而也就达到了礼乐所追求的天人合一的境界。

5.《宣和博古图》卷二十五载周钟二十一器（选三器）

（1）周虡钮钟

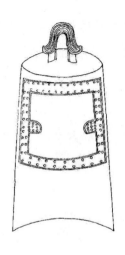

右高七寸七分，钮高一寸七分，阔一寸五分，两舞相距三
寸三分，横三寸，两铣相距四寸二分，横三寸六分，重六斤九
两，无铭。是钟，比诸钟特不类，而全若铎。变甬而为钮，且
无枚焉。但两面作碎乳，布之其钮，独状以虺。按，《诗》言：
"维熊维罴，男子之祥；维虺维蛇，女子之祥。"则虺，阴类。
凡钟属阴而鼓属阳，于是以虺识之。盖昔人所以取象命意，皆
有微意存乎其间也。

【案】此器为长腔桥纽直铣式钟。王黼据《诗经·小雅·斯干》释
此钟纹：

　　下莞上簟，乃安斯寝。乃寝乃兴，乃占我梦。吉梦维何？
维熊维罴，维虺维蛇。大人占之："维熊维罴，男子之祥；维虺
维蛇，女子之祥。"[《笺》云："大人占之"，谓以圣人占梦之法
占之也。熊罴在山，阳之祥也，故为生男。虺蛇穴处，阴之祥
也，故为生女。][1]（《十三经注疏·毛诗正义》，卷十一）

古人制器，阴阳相合的观念无处不在，不仅体现在纹饰与器物的关系
上，而且也体现在乐器之间的配合使用上，是最为切近器物哲学寓意
本源的解释。

---

① 方括号内为汉郑玄《笺》。

（2）周凤钮钟

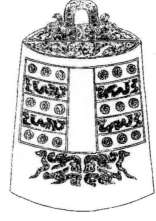

周凤钮钟一　　　　　　　　周凤钮钟二

周凤钮钟一：高八寸五分，钮高二寸五分，阔三寸二分，两舞相距五寸九分，横四寸四分，两铣相距七寸二分，横五寸四分，枚三十六，各长五分，重十有二斤，无铭。

周凤钮钟二：高七寸八分，钮高二寸二分，阔三寸五分，两舞相距五寸五分，横四寸，两铣相距六寸五分，横四寸七分，枚三十六，各长五分，重九斤十有二两，无铭。

右二器，按，钟之设钮，其制多矣。而此乃饰以凤，盖鸑鷟鸣于岐山，而为兴王之瑞，则此钟疑有所取象焉。

【案】"周凤钮钟"二器皆为长腔桥钮平口式钟。《国语·周语》载"周之兴也，鸑鷟鸣于岐山"[1]，鸑鷟即鸾凤之别名。王黼据此而释凤鸟纹饰之寓意。

————————
① 文渊阁《四库全书》本《国语》，卷一。

（二）青铜錞

1.《考古图》（卷七）所载錞（秘阁）

右二器皆得于豫章。

一器高尺有九寸，首负围三尺一寸七分，底径二尺七寸一分，厚三分，重三十六斤。

一器高尺有三寸半，首围二尺四寸七分，底径尺有八寸九分，厚二分，重十有五斤半，皆无铭识。

2.《宣和博古图》卷二十六载周錞一十九器（选九器）

（1）周虎龙錞

右高一尺一寸七分，上径长七寸二分，阔五寸九分，下口径长六寸一分，阔五寸一分，钮蚀剥不完，重一十三斤十有四两，无铭。镈，专以和鼓。王安石释其字，以谓"镈者，阴与阳和而孰"。是器乃特饰以虎、龙。盖以虎、龙之交遘，阴阳相和之义也，故于镈有之。然而，又著以风云者，则亦以"云从龙，风从虎"也。昔人之设饰，岂徒然哉？

（2）周凤镈

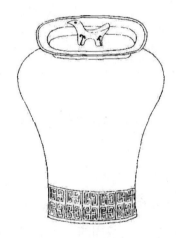

右高一尺四分，上径长六寸七分，阔五寸一分，下口径长五寸八分，阔四寸七分，钮高一寸三分，阔五分，重一十斤，无铭。《书》曰："箫《韶》九成，凤凰来仪。"盖以箫《韶》形声类凤，故各以其类而应之。考镈之形声，其实象兽。然，是镈乃以凤为钮，则知乐成而感格者，举可以互见也。以是知一音不调，一物不格，皆非所以为乐成矣。

（3）周虎錞

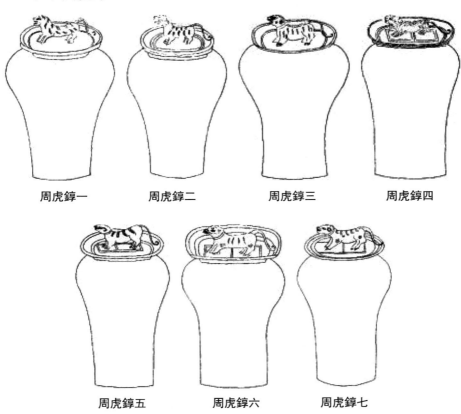

周虎錞一　　　周虎錞二　　　　周虎錞三　　　　周虎錞四

周虎錞五　　　　周虎錞六　　　　周虎錞七

　　第一器，高二尺二寸三分，上径长一尺七寸六分，阔一尺四寸，下口径长一尺，阔九寸一分，钮高四寸一分，阔二寸八分，重五十一斤，无铭。

　　第二器，高二尺四寸三分，上径长一尺七寸七分，阔一尺四寸七分，下口径长一尺，阔九寸一分，钮高三寸九分，阔二寸二分，重四十斤，无铭。

　　第三器，高一尺五寸三分，上径长一尺五分，阔八寸，下口径长七寸一分，阔五寸八分，钮高二寸七分，阔一寸五分，重十有六斤，无铭。

　　第四器，高一尺二寸一分，上径长七寸三分，阔六寸五分，下口径长五寸三分，阔四寸八分，钮高二寸一分，阔一寸五分，重七斤，无铭。

　　第五器，高一尺二寸三分，上径长七寸四分，阔六寸五分，下口径长五寸四分，阔四寸七分，钮高二寸一分，阔一寸七分，重六斤四两，无铭。

　　第六器，高一尺三寸，上径长一尺，阔八寸八分，下口径长六寸七分，阔六寸，钮高二寸五分，阔一寸五分，重八斤，无铭。

　　第七器，阙尺寸斤两。

　　右七器，形制皆同，大小则异。钮俱作虎状。按，虎，西方义兽，金属也，故于镈有之。王安石释《周官·鼓人》云"以镈和鼓"。盖鼓则进，进则为阳。用事之时，阴出，佐之而已。然则，取义兽者，其在兹欤？

（三）青铜铎

《宣和博古图》卷二十六载周铎二器（选一器）

周栖凤铎

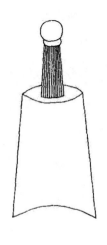

右高六寸八分，柄长四寸七分，上径长三寸九分，横三寸，下径长四寸四分，横三寸六分，重七斤三两，铭作凤栖木形。是器，铎也。《周官·鼓人》："以金铎通鼓。"凡乐舞，必振铎以为之节。铭之以凤，亦取其凤凰来仪之象。而为栖木形，如《诗》所谓"凤凰鸣矣，于彼高冈。梧桐生矣，于彼朝阳。"盖铎者，乐之节，取其乐调，而物以类应之也。

【案】王黼据《诗经·大雅·卷阿》释此钟铭：

凤凰鸣矣，于彼高冈。梧桐生矣，于彼朝阳。[《传》：梧桐，柔木也，山东曰朝阳。梧桐不生山冈，太平而后生朝阳。《笺》云：凤凰鸣于山脊之上者，居高视下，观可集止。喻贤者待礼乃行，翔而后集。梧桐生者，犹明君出也。生于朝阳者，被温仁之气亦君德也。凤凰之性，非梧桐不栖，非竹实不食。][1] 菶菶萋萋，雝雝喈喈。[《传》：梧桐盛也，凤凰鸣也。臣竭其力，则地极其化，天下和洽，则凤凰乐德。《笺》云：菶菶萋萋，喻君德盛也。雝雝喈喈，喻民臣和协。]（《十三经注疏·毛诗正义》，卷十七）

---

[1]　方括号内为汉毛亨《传》，郑玄《笺》。

（四）青铜钲

《宣和博古图》卷二十六载周钲九器（选一器）

周龟纯钲

　　右高一尺七寸八分，柄长八寸九分，径四寸三分，上径长一尺七寸，阔一尺八寸，下径长一尺九寸五分，阔一尺四寸二分，重二百五十四斤，无铭。夫是器，钲也。其纯饰以龟。盖钲以止鼓为义，龟位壬癸，于方则止而静，而其为物又性隐伏，故取之以为饰。按，《周官》："公司马执镯。"镯，即钲也。然则，司马掌兵，固阴类耳。先王之于彝器，或饰之，或司之者，莫不各有其意。饰之，则睹器而能知所用；司之，则用器而必称其职。岂苟然哉？

　　【案】《周礼》记大司马掌职之一，即"辨鼓、铎、镯、铙之用：王执路鼓，诸侯执贲鼓，军将执晋鼓，师帅执提，旅帅执鼙，卒长执铙，两司马执铎，公司马执镯"[1]。此则文献载器皆为军用。

---

　　① 《十三经注疏·周礼注疏》，卷二十九《大司马》。

（五）石磬

1.《考古图》（卷七）载磬一器

遣磬（扶风王氏）

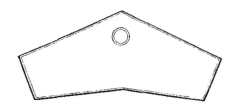

2.《宣和博古图》卷二十六载周磬四器（选一器）

周云雷磬

右通长一尺七寸二分，阔八寸四分，厚九分，重二十斤，无铭。且"磬以立辨"。《诗》曰："笙磬同音"，则非止于立辨，乃所以合乐也。《春秋》：鲁饥，臧文仲以玉磬告籴于齐。《书》言："泗滨浮磬。"则磬者，以玉石为之。是磬，复以铜为。岂"金磬"之谓欤？盖铜者，五金之数，得非取其久而不变耶？其形制状兽，鼓与股尽饰云、雷。制作典古，实周物也。

【案】"磬以立辨"源出《乐记》，是建立在阴阳相合观念基础上的哲学化解说，相关文献见后文论述。"笙磬同音"的概念源于八音乐器不同音色的和谐搭配以及乐队演奏的常规布局。其语出自《诗经·小雅·鼓钟》篇："鼓钟钦钦，鼓瑟鼓琴，笙磬同音。"毛亨《传》曰："钦钦，言使人乐进也。笙磬，东方之乐也。同音，四县皆同也。"①郑玄《笺》云："'同音'者，谓堂上堂下八音克谐。"②唐孔颖达《正义》曰：

> 《乐记》说乐之和，感动人之善心而已，是闻乐而进于善也。以钟在前，故先言其状。云"钦钦"，明下琴瑟等亦得所也。以鼓瑟、鼓琴类之，故鼓钟为击钟也。乐器多矣，必以钟为首而先言之者，以作乐必击钟。《左传》谓之"金奏"，是先击金以奏诸乐也。言"笙磬，东方乐"者，以东方物生之位，故谓其磬为笙磬也。……以上言钟及琴瑟，是琴瑟为堂上，钟为堂下，故为笙与磬俱在堂下，以配钟而同音。堂下既同，则堂上亦同，故云"八音克谐"。（《十三经注疏·毛诗正义》，卷十三）

此则文献说明了八音乐器相合为用，共同演奏的乐器布局情况。

文献所言春秋故事，见于《国语·鲁语》：

> 鲁饥，臧文仲言于庄公。……公曰："谁使？"对曰："国有饥馑，卿出告籴，古之制也。……"文仲以鬯、圭与玉磬如齐告籴。……齐人归其玉而予之籴。（文渊阁《四库全书》本，卷四）

关于石磬的材质颇有讲究，"泗滨浮磬"语出《尚书·夏书·禹贡》篇，汉孔安国《传》曰："泗，水涯。水中见石，可以为磬。"③唐孔颖达《正义》曰：

---

① 《十三经注疏·毛诗正义》，卷十三。
② 同上。
③ 《十三经注疏·尚书正义》，卷六《禹贡》。

泗水旁山而过，石为泗水之涯。石在水旁，水中见石，似若水上浮然，此石可以为磬，故谓之"浮磬"也。贡石而言磬者，此石宜为磬，犹如"砥砺"然也。(《十三经注疏·尚书正义》，卷六)

二、八音乐器分类法的文化哲学意义考源

"八音"是指依制作材质不同，将乐器划分为八种类别的方法。然而，八音乐器分类法并非孤立的八类乐器的简单组合，而是以上古"天人合一"的哲学思想为主导，将各种乐器按类属统合，构成有机整体的方式。质言之，八音乐器分类法是上古哲学思想在音乐理论中的体现。

"八音"之名最早见于《尚书·虞书》。天下百姓为悼念帝尧的去世而绝音三年，即"二十有八载，帝乃殂落，百姓如丧考妣，三载，四海遏密八音"[1]。古典乐论的成熟经历了漫长的发展过程，于先周之世已成体系。"八音"之实在《周礼》中已有明确的记述，大师掌职之一即"皆播之以八音，金、石、土、革、丝、木、匏、竹"[2]。至于分属八音的各类乐器，经传注疏多有解说，汉郑玄《注》云：

金，钟、镈也。石，磬也。土，埙也。革，鼓、鼗也。丝，琴、瑟也。木，柷、敔也。匏，笙也。竹，管、箫也。(《十三经注疏·周礼注疏》，卷二十三)

唐贾公彦《疏》，不违郑注，但稍做辨析：

---

① 《十三经注疏·尚书正义》，卷三。
② 《十三经注疏·周礼注疏》，卷二十三《春官·大师》。

钟、镈以金为之，磬以石为之，埙以土为之，鼓、鼗以革
为之，柷、敔以木为之，笙以插竹于匏，但匏、笙一也，故郑以
笙解匏。箫、管以竹为之。故以钟、磬等释金、石等八音。但
匏、笙亦以竹为之，以经别言匏，故匏不得竹名也。（同上）

以《周礼》观之，无论是对国子的日常教学，还是特定场合的演奏，
宫廷乐官对八音乐器各有司主，比如"瞽蒙掌播鼗、柷、敔、埙、箫、
管、弦、歌"①，"眡瞭掌凡乐事，播鼗，击颂磬、笙磬"②，"磬师掌教击
磬、击编钟"③，"钟师掌金奏"④，"笙师掌教龡竽、笙、埙、籥、箫、篪、
篴、管"⑤，"镈师掌金奏之鼓"⑥，"籥章掌土鼓豳籥"⑦ 等。

《考古图》《宣和博古图》与宋代其他绘制器物图像的著作不同，既
非依经绘图，为经传文字之图解，亦非以识别器物为主旨的器物介绍，
而是完全基于当时可见的古器遗存而著录的实器信息。就其所载乐器
而言，仅涉及八音中的金、石两类，且以金为主体，兼录石质乐器。
究其原因，主要有三：其一，从社会历史及器物本身的发展进程来看，
金、石打击乐器作为商周时代庙堂乐歌、祭祀乐舞的主要用器，是三
代礼乐文明的代表器，其制作与使用皆享有极高的社会关注度。其二，
从制器材质上讲，金、石材质坚固，易于保藏，沉眠地下千载亦可不

---

① 《十三经注疏·周礼注疏》，卷二十三《春官·瞽蒙》。
② 同上，《眡瞭》。
③ 同上，卷二十四《磬师》。
④ 同上，《钟师》。
⑤ 同上，《笙师》。
⑥ 同上，《钟师》。
⑦ 同上，《籥章》。

朽。而其他材质制器则不然，早已不为宋人所见。其三，就《考古图》与《宣和博古图》撰著者的主导思想而言，旨在因器求礼，通过著录古器寻绎三代礼乐文明遗踪，金、石乐器则必在首选之列。

八音乐器取材于自然，本质上体现着古人追求"自然之道"的理念，其中所蕴含的哲学道理可以从时空观念与数字哲学的角度展开辨析。

（一）八音与时的关系

"时"是中国古典哲学的重要概念，以阴阳观念为基础，于"时间"本意上衍生出诸多含义，其中尤以"天时机缘"最为重要。无论自然物的生长变化，还是人行为处世，皆格外讲究天时机缘的恰到好处，不早也不迟。乐曲在一定的时间长度内表达情感，而演奏音乐的乐器本身也从另一个角度诠释着时间的艺术，即制作八音乐器的材质皆源于自然，其生长与养成全赖四时节气的变化。换言之，节气是决定物性的关键因素之一，直接影响着乐器的音色，而不同材质乐器的音色不同，所表达的情绪与所造成的心理效果也颇为不同。

陈旸的生平、行状俱载于《宋史·儒林传》，其主要生活年代历经北宋末年的哲宗、徽宗朝。陈旸所撰《乐书》二百卷是中国音乐发展史上的重要著作，对总结宋代以前的音乐文化尤有殊功。其中《八音》三篇是对宋以前八音理论主要观点较为全面的记述。关于八音乐器的音质特点与四时节气之间的关系，陈氏总括如下：

> 金声春容，秋分之音也，莫尚于钟。石声温润，立冬之音也，莫尚于磬。丝声纤微，夏至之音也，莫尚于琴、瑟。竹声清越，春分之音也，莫尚于管、籥。匏声崇聚，立春之音也，笙、竽系焉。土声函胡，立秋之音也，埙、缶系焉。革声隆大，冬至之音也，鼗、鼓系焉。木声无余，立夏之音也，柷、敔系

焉。（文渊阁《四库全书》本《乐书》，卷一百六）

华夏先民在农业生产的过程中观察气候变化的规律，形成中国独有的
节气观念，对此《礼记·月令》有系统的阐述。物性的特点随节气而
变化，在材质物性生长、发展到最适宜制作乐器的恰当时节而适度地
截取、制作，即可获得乐器最佳的理想音色，而不同材质的乐器音色
可以表达不同季节人的情绪变化，这些都是人与自然融合，顺应自然
的具体表现。再如《宣和博古图》卷二十四载"周细雷纹钟""周山纹
钟"的王黼案语，也都体现出乐器纹饰亦应表达顺乎自然的意义。

八音乐器的音色各不相同，所引发听者的心理感情也各具特色：

　　金声铿，铿以立横，横以劲武，金声正，则人思武矣。石
声硜，硜以立别，别以致死，石声正，则人思死节矣。丝声哀，
哀以立廉，廉以立志，丝音正，则人将立操矣。竹音滥，滥以
立会，会以聚众，竹音正，则人思和洽矣。土音浊，浊以立太，
太以含育，土音正，则人思宽厚矣。革音欢，欢以进众，革音
正，则人思毅勇矣。匏音啾，啾以立清，清以忠谨，匏音正，
则人思恭爱矣。木音直，直以立正，正以寡欲，木音正，则人
思絜已矣，亦足发明于此。"琴、瑟之音言哀，鼓、鼙之音言欢"
者，盖琴、瑟，夏至之音，一阴生之时也；鼓、鼙，冬至之音，
一阳生之时也。阳主乐以哗，阴主哀以静，此其音所以不同。
（同上）

此则文献所概括的八音与美德之间的联想关系，是在中国儒家传统文
化的深厚积淀中生发出来的最具特色的哲学表达之一，其思想主旨直

接导源于《乐记》子夏答魏文侯问：

> 　　钟声铿，铿以立号，号以立横，横以立武。君子听钟声，
> 则思武臣。石声磬，磬以立辨，辨以致死。君子听磬声，则思
> 死封疆之臣。丝声哀，哀以立廉，廉以立志。君子听琴、瑟之
> 声，则思志义之臣。竹声滥，滥以立会，会以聚众。君子听竽、
> 笙、箫、管之声，则思畜聚之臣。鼓、鼙之声欢，欢以立动，
> 动以进众。君子听鼓、鼙之声，则思将帅之臣。君子之听音，
> 非听其铿锵而已也，彼亦有所合之也。（《十三经注疏·礼记正
> 义》，卷三十九）

对于八音与美德的关系，孔疏做了完全道德化的解说，而陈旸则从阴阳观念的角度进行阐释，则更为合理。仅以释丝、革之声为例，孔颖达《正义》曰：

> 　　此一经明"丝声哀"者。哀，谓哀怨也，谓声音之体婉妙，
> 故哀怨矣。"哀以立廉"者，廉，谓廉隅。以哀怨之，故能立廉
> 隅，不越其分也。"廉以立志"者，既不越分，故能自立其志。
> "君子听琴瑟之声，则思志义之臣"者，言丝声含志不可犯，故
> 闻丝声而思其事也。……（同上）
> 　　……此一经明"鼓、鼙之声欢"者，欢，谓欢嚣也，其声
> 欢杂矣。"欢以立动"者，以其声欢，故使人意动作也。"动以
> 进众"者，以动作，故能进发其众也。"君子听鼓鼙之声，则思
> 将帅之臣"者，将帅，众聚也。言鼓能进众，故闻其声而思其
> 事也。不云"鼙"而云"鼙"者，广其类也。（同上）

综合考察《乐记》经文、郑注、孔疏以及陈旸《乐书》，以下两点诚需申论。其一，八音对应的美德，与其说是儒家经义的衍生，不如说是以乐言志文化心理的变相描述，同时证明了乐是陶冶性情的重要途径。其二，四时节气所具有的阴阳属性，直接影响着制器材质的阴阳属性，八音乐器的音色亦因此而分判阴阳。夏至，天时以阳气最旺；冬至，天时以阴气最盛。人之用事自当顺天时之变，采取相应的对策。仅以文中所举"琴、瑟，夏至之音"与"鼓、鼙，冬至之音"为例，分析如下。首先，以阴阳特性观之，阳要体现刚健的特性，具有较强的主动性与蓬勃的创造力；阴要体现柔顺的特性，表现为适度的配合性与恰当的辅助性。因此，琴、瑟之音属阴，而鼓、鼙之声属阳。从不同乐器音色所引发的情绪与心理感应角度讲，琴、瑟属丝，其音缠绵柔和，确有安神之效；鼓、鼙属革，其声高亢雄浑，确有振奋之功。其次，根据阴阳调和的原则，春、夏为阳，与之相匹配的乐器应具有阴的属性，故而夏至弹琴、瑟；秋、冬为阴，与之相匹配的乐器应具有阳的属性，故而冬至击鼓、鼙。最后，需要辨析"琴、瑟之音言哀"的"哀"字，并非悲恸哀戚之意，而是表达一种沉静深思的精神状态，也正是因为具备这个特点，才可以与"立廉""立志"建立联想关系，因此"丝音正，则人将立操矣"，是使人戒躁，静心察己，以坚定不移的态度秉持操守。再谈表现鼓、鼙之音的"欢"与"哗"，若直解为喧闹，不仅未切要害，而且根本义训难通，在此语境下并不符合情理。"欢"与"哗"所要表现的是阳为主导时积极进取、勇猛刚毅的精神状态，以此体会"革音正，则人思毅勇矣"，方才顺理成章。因此，"阳主乐以哗，阴主哀以静"便是此则《乐书》文献的核心论点，而阴阳观念才是八音与美德能够建立关系的根源与纽带。

勘定音高的律吕亦需阴阳配合,《周礼·大师》云:

> 大师掌六律、六同,以合阴阳之声。阳声,黄钟、大蔟、姑
> 洗、蕤宾、夷则、无射。阴声,大吕、应钟、南吕、函钟、小
> 吕、夹钟。(《十三经注疏·周礼注疏》,卷二十三)

郑玄《注》:"'以合阴阳之声'者,声之阴阳各有合。"① "律吕"为古代乐律之统称,阳律、阴律各六,阳六曰"律",阴六曰"吕",合为十二律。成于上古的阴阳观念是中国哲学的独有概念,其深邃的内涵在传统文化的语境中得以发展并广泛应用,尤其在对事物的辩证分析中极具普适性。"一阴一阳之谓道"②,阴阳和谐即是顺应自然之道,也是为乐的根本。《礼记·乐记》有"八风从律而不奸"③之语,郑玄《注》:"八风从律,应节至也。"④ 孔颖达《正义》曰:

> "八风从律而不奸"者,八风,八方之风也。律,谓十二月
> 之律也。乐音象八风,其乐得其度,故八风十二月律应八节而
> 至,不为奸匿也。八风者,《白虎通》云:"距冬至四十五日,条
> 风至。条者,生也。四十五日,明庶风至。明庶者,迎众也。
> 四十五日,清明风至。清明者,芒也。四十五日,景风至。景
> 者,大也,言阳气长养也。四十五日,凉风至。凉,寒也,阴
> 气行也。四十五日,阊阖风至。阊阖者,咸收藏也。四十五日,
> 不周风至。不周者,不交也,言阴气未合化矣。四十五日,广

---

① 《十三经注疏·周礼注疏》,卷二十三。
② 《十三经注疏·周易正义》,卷七《系辞》上。
③ 《十三经注疏·礼记正义》,卷三十八。
④ 同上。

莫风至。广莫者，大莫也，开阳气也。"八节者，立春、春分、
立夏、夏至、立秋、秋分、立冬、冬至。（《十三经注疏·礼记
正义》，卷三十八）

诚如孔疏所言八风乃八方之风，八风与方位的渊源关系待后文详论。
此则文献重在讲明八风与天时的关系，即以阴阳观念为基础，阐述八
风的意义以及八风与四时节气的关系。天地阴阳之气的变动，既是节
气的成因，也是八风的成因。又由乐效八风之音的观念，推导出乐律
阴阳与四时节气的关系，并由此引申出乐调阴阳的道理。乐律的阴阳
调和，即是自然之道的表现。《宣和博古图》卷二十四所载"周山钟"
（六器）、"周小编钟"（九器），卷二十五所载"周虺钮钟"，卷二十六
所载"周虎龙镈""周鱼镈""周虎镈"（七器）与"周穟草钲"，宋人
亦据阴阳相合的理论来阐释乐器纹饰的寓意。

八音乐器可效万物之声，取材于自然是其重要原因。诚如陈氏所言：

乐出于虚而寓于实。出于虚，则八音同冥于道；寓于实，
则八音各丽于器。器具而天地万物之声可得而考矣。故万物盈
于天地之间，若坚若脆，若劲若韧，若实若虚，若沉若浮，皆
得效其响焉。故八物各音而同和也。（文渊阁《四库全书》本《乐
书》，卷一百六）

此则文献言简意赅地描述了乐虚实相生的特点、八音乐器的不同音色
以及其会同交响的效果。关于"天地万物之声"最为著名的论述，莫
过于《庄子·齐物论》所讨论的"三籁"之音。

　　南郭子綦隐几而坐，仰天而嘘，嗒焉似丧其耦。颜成子游立侍乎前，曰："何居乎？形固可使如槁木，而心固可使如死灰乎？今之隐几者，非昔之隐几者也。"子綦曰："偃，不亦善乎，而问之也！今者吾丧我，汝知之乎？汝闻人籁而未闻地籁，汝闻地籁而未闻天籁夫！"①子游曰："敢问其方？"子綦曰："夫大块噫气，其名为风。是唯无作，作则万窍怒号。而独不闻之翏翏乎？山林之畏佳，大木百围之窍穴，似鼻，似口，似耳，似枅，似圈，似臼，似洼者，似污者，激者，謞者，叱者，吸者，叫者，譹者，宎者，咬者。前者唱于而随者唱喁。泠风则小和，飘风则大和，厉风济则众窍为虚。而独不见之调调之刀刀乎？"子游曰："地籁则众窍是已，人籁则比竹是已。敢问天籁？"子綦曰："夫吹万不同而使其自己也。咸其自取，怒者其谁也。"（文渊阁《四库全书》本《庄子注》，卷一）

此则文献，以"三籁"来说明道家一贯追求的物我两忘的超然境界。《说文解字·竹部》释"籁"："三孔龠也。大者谓之笙，其中谓之籁，小者谓之箹。从竹，赖声。"②《龠部》释"龠"："乐之竹管，三孔，以和众声也。从品、仑。仑，理也。凡龠之属皆从龠。"③由是观之，《齐物论》所讲的"三籁"是具有泛指性的设喻，"籁"象征着可以发出声响的部位，而并非现实中单纯的箫管之声。因此，晋郭象直解"籁"为

---

① "汝闻人籁而未闻地籁，汝闻地籁而未闻天籁夫！"晋郭象注此句云："籁，箫也。箫管参差，宫商异律，故音短长、高下，万殊之声。声虽万殊，而所禀之度一也。然则，优劣无所错其间矣。况之风物异音同是，而咸自取焉，则天地之籁见矣。"（文渊阁《四库全书》本《庄子注》，卷一）

② 据中华书局影印本《说文解字》。

③ 同上。

箫，则过于执拗了。以道家"同天人，均彼我"①的理想观之，"地籁"与"人籁"都具有使役性。追究其声音的发出过程，二者既有施动者，又有受动者。"地籁"的施动者是风，受动者是地表以及地上生长着的万物孔穴；"人籁"的施动者是人，受动者是以箫、管为代表的各类乐器。因此，二者均非道家所推崇的境界，而只有"吹万不同而使其自己"的"天籁"才具备不役于外物的特点。对此，郭象的注释十分恰切：

　　此天籁也。夫天籁者，岂复别有一物哉？即众窍比竹之属，接乎有生之类，会而共成一天耳。无既无矣，则不能生有，有之未生，又不能为生，然则，生生者谁哉？块然而自生耳。自生耳，非我生也。我既不能生物，物亦不能生我，则我自然耳。自己而然，则谓之天然。天然耳，非为也，故以天言之。以天言之，所以明其自然也。岂苍苍之谓哉？而或者谓天籁役物使从己也。夫天且不能自有，况能有物哉？故天也者，万物之总名也。莫适为天谁主役物乎？故物各自生而无所出焉，此天道也。（同上）

确切地讲，"天籁"缘于自然，又成于自然，并非音乐，只是万物自然发出的各种声响。然而，"天籁之音"却成为著名的乐论观点，并成为后世评价美妙音乐的最高赞语，其根本在于体现了"道法自然"的至真境界。然而，有两点仍需辨析。其一，常言"道法自然"，而"自然"的概念却古今殊异。"自然"词义颇多，就主要研究领域而言，现代常作科学概念，古代则为哲学命题。其二，道的境界并非玄虚，而是追

---

　　①　文渊阁《四库全书》本《庄子注》，卷一。

求事物的本真面貌，顺应事物自身发展变化的规律即为"自然"，亦称"天道"。在此基础上，与天道相合方为乐的至境。《八音》篇中"乐出于虚而寓于实"正是对万籁之音虚实相生观点的继承与发展，即"乐出于虚，则八音同冥于道"，诚如"地籁则众窍是已"；"寓于实，则八音各丽于器"，正如"人籁则比竹是已"；而"神人以和"的音乐方才符合"天籁"之道。由此所体现出的儒道兼济的特点，亦可从一个侧面反映出诸子学说的同源性，即共同的文化哲学基础是其理论植根的土壤，诸子各有侧重而推衍其说。

综上所述，八音乐器与时的关系，一方面体现在物质属性上，即乐器的取材需符合四时更替与物性变化的客观规律。另一方面，体现在文化哲学层面，即以阴阳观念为基础，八音乐器的应用需顺应天时，合于人情，尤其是对人情绪的影响要以利于修身养性为旨归。凡此皆应顺乎"自然"，这不仅是为乐之"道"，也是哲学之"道"。

（二）八音与空间的关系

时空变化构成了宇宙的运动，二者不可割裂而论。八音乐器分类法与上古方位观念渊源深厚，亦融合了上古哲学的丰富内涵。

源于远古的方位观念发展至商周已经相当成熟，立碑测影与天文星象都有效地发挥着实际的指向性。前者不仅应用于测时，而且投影本身就是方向的标识。《仪礼》中明确记载了立碑测影的史实。《聘礼》郑玄《注》："宫必有碑，所以识日景，引阴阳也。凡碑，引物者，宗庙则丽牲焉，以取毛血。"[①]指出了立碑有测影与引牲两个实际用途。贾公彦《疏》做了进一步阐释：

又云"引阴阳"者，又观碑景南北长短，十一月，日南至，

---

① 《十三经注疏》本《仪礼注疏》，卷二十一。

景南北最长，阴盛也。五月，日北至，景南北最短，阳盛也。二至之闲，景之盈缩、阴阳进退可知也。云"凡碑，引物者，宗庙则丽牲焉，以取毛血"者，云凡碑引物，则识日景、引阴阳皆是引物，则宗庙之中是引物，但庙碑又有丽牲。丽，系也。案《祭义》云："君牵牲，丽于碑。"以其鸾刀以取血毛，毛以告纯，血以告杀，兼为此事也。(《十三经注疏·仪礼注疏》，卷二十一)

商周时期的石碑发挥着上古流传下来的原始功用。然而，随着文化的增殖，石碑的应用范围逐渐扩大，具体功用也随之改变。立碑测影记时的作用被后世的日晷所取代，而庙堂之上的颂德碑当然也不再作引牲之用。此则文献所载观影定向的方法融合着阴阳观念与节气常识，同时体现着源于生活经验的方位观念。

《周礼》不仅记载了测日影的方法，而且测时定向与夜观天象紧密相关，据《考工记》载：

匠人建国，水地以县，置槷以县，眡以景。为规，识日出之景与日入之景。昼参诸日中之景，夜考之极星，以正朝夕。(《十三经注疏·周礼注疏》，卷四十二)

中国天文学起源甚早，原始社会时期对星宿的发现即是最具代表性的例证[1]。据现代考古天文学研究表明，除对北极星的发现之外，原始社会时期北斗七星的发现不仅对简单地确定方位具有直接的决定作用，

---

[1]　关于中国原始社会时期的星象图研究，学者多有研究，冯时先生在《中国天文考古学》一书中论述尤详，兹不赘述。

而且对于现实生活中的诸多事件，比如房屋建造、墓葬布局等，都具有实际的指导意义，并在思想领域形成了崇拜北斗的文化现象。[①] 而上古方位观念集大成的论述，莫过于对伏羲创制先天卦的记述：

> 《系辞》云："河出《图》，洛出《书》，圣人则之。"又《礼纬·含文嘉》曰："伏牺德合上下，天应以鸟兽、文章，地应以《河图》《洛书》，伏牺则而象之，乃作八卦。"故孔安国、马融、王肃、姚信等并云："伏牺得《河图》而作《易》。"是则伏牺虽得《河图》，复须仰观俯察以相参正，然后画卦。伏牺初画八卦，万物之象皆在其中，故《系辞》曰"八卦成，列象在其中矣"是也。虽有万物之象，其万物变通之理犹自未备，故因其八卦而更重之卦有六爻，遂重为六十四卦也。《系辞》曰"因而重之，爻在其中矣"是也。然，重卦之人，诸儒不同，凡有四说。王辅嗣等以为伏牺画卦，郑玄之徒以为神农重卦，孙盛以为夏禹重卦，史迁等以为文王重卦。……（《十三经注疏·周易正义》，卷首）

此则文献透露出以下三方面信息。其一，八卦是伏羲对上古已经存在的诸多知识，进行抽象的总结、经验的提炼与哲学的升华，而绝非独断地凭空臆造。"河出《图》，洛出《书》，圣人则之"，可见《河图》《洛书》即为伏羲创制八卦的基础。其二，伏羲画卦以自然为参照。作为上古圣君之一的伏羲氏，无疑是当时博学的智者，他仰观天文，俯察地理，以符号的形式象征万物的特点，表达宇宙的变化规律。而八卦

---

① 比如伊世同先生撰《北斗祭》一文对此问题即有专论，可参见《中原文物》1996年第2期。

之所以总括为八种物象，并以八方排列布局，是上古方位观念成熟的表现。其三，历史上对重卦之人存在伏羲、神农、夏禹、文王四种说法，但对伏羲始创八卦之说则无异议。因此，八卦成于原始社会时期已为历代学者之共识。

八音为八卦之音，效八风声响。此观点已见诸战国时期的文献典籍，由汉代经师阐述而成定论，宋代论著总结旧说而体系完备。然而，明、清时人则持异见，后文详论。

《吕氏春秋·古乐》篇有"（帝颛顼）乃令飞龙作效八风之音"之语，汉高诱注："八风，八卦之风。"[①]此非注家一己之见，而是汉代经师之共识。再如，《大戴礼记·曾子天圆》篇亦解之曰："八音，八卦之音。以律定八风之高下、清浊，而准配金、石、丝、竹也。"[②]可见此观点至少在汉代之前已成定论。

关于八音、八风与八卦之间的联系，《春秋左传正义》的杜注孔疏阐释得较为详细：

> 九月，考仲子之宫将《万》焉。公问羽数于众仲。对曰："天子用八，诸侯用六，大夫四，士二。夫舞所以节八音，而行八风。"故自八以下，公从之。于是初献六羽，始用六佾也。（《十三经注疏》本，卷三）

此则文献所记述的是鲁隐公五年问乐舞事。严格的用乐等级是贵族身份、地位的象征，杜预注周朝礼制规定"唯天子得尽物数，故以八为

---

① 《诸子集成》本《吕氏春秋》，卷五。
② 文渊阁《四库全书》本《大戴礼记》，卷五。

列，诸侯则不敢用八"①。可见"八"是代表最高等级的偶数，天子用舞者八八六十四人，是礼仪尊严的体现，诸侯不得使用，否则即为僭越之举。杜注较为全面地阐发此则经义曰："鲁惟文王、周公庙得用八，而他公遂因，仍僭而用之。今隐公特立此妇人之庙，详问众仲，因明大典，故《传》亦因言'始用六佾'。其后季氏舞八佾于庭，知惟在仲子庙用六。"②至于"夫舞所以节八音，而行八风"，杜注：

> 八音，金、石、丝、竹、匏、土、革、木也。八风，八方之风也。以八音之器，播八方之风，手之，舞之，足之，蹈之，节其制而序其情。八音，金，钟；石，磬；丝，琴、瑟；竹，箫、管；土，埙；木，柷、敔；匏，笙；革，鼓也。八方之风，谓东方谷风，东南清明风，南方凯风，西南凉风，西方阊阖风，西北不周风，北方广莫风，东北方融风。（同上）

基于乐舞与八音的配合以及乐舞对八风的表现，杜注对八音与八风的内容分别做出了具体的说明。然而，并未言及八卦，这为孔疏留下了进一步阐释的空间。唐孔颖达《正义》曰：

> 舞为乐主，音逐舞节，八音皆奏而舞曲齐之，故舞所以节八音也。八方风气，寒暑不同。乐能调阴阳，和节气。八方风气由舞而行，故舞所以行八风也。……八音为金、石、土、革、丝、木、匏、竹，《周礼·大师》职文也。郑玄云："金，钟、镈也。石，磬也。土，埙也。革，鼓、鼗也。丝，琴、瑟也。木，

---

① 《十三经注疏·春秋左传正义》，卷三。

② 同上。

枳、敔也。匏，笙也。竹，管、萧也。"八风，八方之风者，服虔以为八卦之风。乾音石，其风不周；坎音革，其风广莫；艮音匏，其风融；震音竹，其风明庶；巽音木，其风清明；离音丝，其风景；坤音土，其风凉；兑音金，其风阊阖。《易纬·通卦验》云："立春，调风至；春分，明庶风至；立夏，清明风至；夏至，景风至；立秋，凉风至；秋分，阊阖风至；立冬，不周风至；冬至，广莫风至。风体一也，逐天气，随八节，而为之立名耳。""调"与"融"，一风二名。昭十八年《传》曰："是谓融风。"是其"调""融"同也。沈氏云："案，《乐纬》云：'坎主冬至，乐用管；艮主立春，乐用埙；震主春分，乐用鼓；巽主立夏，乐用笙；离主夏至，乐用弦；坤主立秋，乐用磬；兑主秋分，乐用钟；乾主立冬，乐用枳、敔。'"此八方之音，既有二说，未知孰是，故两存焉。更说制乐之本，节音行风之意，以八音之器宣播八方之风，使人用手以舞之，用足以蹈之，节其礼制，使不荒淫，次序人情，使不蕴结也。《蟋蟀》诗曰"无已大康，职思其居"是节其制也。舜歌《南风》曰："南风之时兮，可以阜吾人之财兮；南风之薰兮，可以解吾人之愠兮。"是序其情也。（同上）

此则文献的含义可分为五层解析。第一层，阐明核心观点，即舞"节音行风"之旨。无论乐调阴阳，还是风动八方，皆以舞为主导。乐为伴舞而作，故舞节制着八音乐器的演奏起止。舞动风行，舞止风息。乐舞相合的特点也从另一个侧面再次证明了时空密不可分的道理。第二层，依据疏不破注的原则，孔氏对八音的界定直接援引了《周礼·大师》的郑玄《注》。第三层与第四层，分别存录了关于"八方之音"的两种说法：其一，以汉服虔注为准的，从八卦定向的角度，明确八风的方位与八音的属性，从而对八音、八风与八卦三者的对应关系进行了系统的综合解说；其二，以《易纬》对八风与节气关系的论述为支持，从节气的角度理解八风的生成，并以此为理论基点，结合八音乐器的音色特点，引出以沈文阿《乐纬》案语为代表的观点，即八音与节气、八卦之间存在对应关系。孔疏言"此八方之音，既有二说，未知孰是"，事实上，上述两种观点都是文化积累、文化传承的表现，只是阐述的角度不同，并无正误可言。两说并存，不仅反映出客观、严谨的学术传统，而且是八音乐论的文化含义具有多角度、多层次性的证明。第五层，以诗为例，总结乐舞教化之旨，"发乎情，止乎礼义"[①]，适度有节地抒发情感方符合礼的要求。

在此需要申论，历史上关于八风名目的解说不尽相同，除前文所引《礼记·乐记》孔颖达《正义》所保存的《白虎通》文献外，以下三种常见的说法亦颇具代表性：

何谓八风？东北曰炎风，[炎风，艮气所生。一曰融风。][②]东方曰滔风，[震气所生。一曰明庶风。]东南曰熏风，[巽气所生。一曰清明风。○旧校云："熏风，或作景风。"]南方曰巨风，[离气所生。一曰凯风。《诗》曰："凯风自南。"]西南曰凄风，[坤气所生。一曰凉风。]西方曰飂风，[兑气所生。一曰阊阖风。]西北曰厉风，[乾气所生。一曰不周风。]北方曰寒风。[坎气所生。一曰广莫风。]（《诸子集成》本《吕氏春秋》，卷十三《有始》篇）

---

① 《十三经注疏·毛诗正义》，卷一《毛诗序》。
② 案，方括号内为汉高诱注。

何谓八风？东北曰炎风，[艮气所生。一曰融风也。]东方曰条风，[震气所生。一曰明庶风。]东南曰景风，[巽气所生也。一曰清明风。]南方曰巨风，[离气所生也。一曰恺风。]西南曰凉风，[坤气所生也。]西方曰飂风，[兑气所生也。]西北曰丽风，[乾气所生也。一曰阊阖风。]北方曰寒风。[坎气所生也。一曰广莫风。]（《诸子集成》本《淮南子》，卷四《坠形训》）

八风也，东方曰明庶风，东南曰清明风，南方曰景风，西南曰凉风，西方曰阊阖风，西北曰不周风，北方曰广莫风，东北曰融风。（中华书局影印本《说文解字》）

结合前文所述，可以得出结论，八风导源于八卦，实应肇始于上古，其概念体系化至少在先秦已经完成，东汉以后的说法基本固定，唐宋经师无所损益。八风之名本身即具文化深意，仅以《说文解字》为例，或依据方位对应的节气特点命名，广莫风、景风是也；或依据四季风的体感温度命名，凉风、融风是也；或如《白虎通》所释，以节气特点命名，明庶风、清明风是也；或依据神话传说来命名，阊阖风[①]、不周风[②]是也。《白虎通》以阴阳观念为基础，阐述八风与节气的关系，重在天时；《吕氏春秋》依方位对应的寒暑特点来命名八风，重在地利。二者结合恰可体现出时空与八风之间的紧密联系。《淮南子》与《吕氏春秋》所载八风之名，重合之处实为半数，其他则稍做改易，细察其文，则不难厘清其渐变的轨迹：东方之风，《吕氏春秋》称为"滔风"，

---

① 阊阖为神话中的天宫之门，如《离骚》有"吾令帝阍开关兮，倚阊阖而望予"之句，汉王逸注："阊阖，天门也。"（《楚辞章句》，卷一）

② 不周风之名出于《山海经》，《西山经》载："又西北三百七十里，曰不周之山。"晋郭璞《注》曰："此山形有缺不周匝处，因名云。西北不周风自此山出。"（《山海经校注》，卷二）

《淮南子》称为"条风"，二者古音相近。除《淮南子》对阊阖风的方位注释不同外，西北方之风，《吕氏春秋》称为"厉风"，《淮南子》称为"丽风"，二者古音近，字不同。西南方之风，《吕氏春秋》称为"凄风"，《淮南子》称为"凉风"，二者描述的都是天气转凉，风凉爽却稍觉阴冷。东南方之风，《吕氏春秋》称为"熏风"，《淮南子》称为"景风"，二者描述的都是天气初暖时节的和煦之风。二著所载以上四风虽名称有别，却不难看出是对同一现象的不同表述。因此，可以说是万变不离其宗。在事物发展的漫长岁月中，或许每次变动都只是微调，但经历若干次微调之后，所得出的结论已然迥异于前。然而，求真的探索是具有吸引力的，对事物原初意义的追寻也独具学术价值。无论是《吕氏春秋》的高诱注，还是《说文解字》之成说，反映出的皆是八风文化含义不断增殖以后汉儒的观点，并为后世所沿用。

宋人对乐论的探讨远胜前朝，主要观点基本上承袭汉唐经说，且训释益详，但宋儒阐述的角度各有特色，观点之间也略存差异，其代表性观点总括如下。

宋王与之撰《周礼订义》八十卷，广揽时贤著述，不仅保存了宋人解经的大量文献，亦可见当时诸说并陈的学术盛景，四库馆臣评曰：

与之益删繁取要，由博得约，其书益精粹无疵也。所采旧说，凡五十一家。然，唐以前仅杜子春、郑兴、郑众、郑元、崔灵恩、贾公彦等六家，其余四十五家则皆宋人。凡文集、语录无不搜采，盖以当代诸儒为主，古义特附存而已。……惟是四十五家之书，今佚其十之八九，仅赖是编以传。……（《四库全书总目》，卷一九）

释八音之集解如下：

> 易氏曰："五声寓于八音，八音实直乎八卦。金，钟也，属兑。石，磬也，属乾。土，埙也，属坤。革，鼓、鼗也，属坎。丝，琴、瑟也，属离。木，柷、敔也，属巽。匏，笙、簧也，属艮。竹，箫、管也，属震。"［○薛氏曰："以方言之金、石、土类也。西，凝之方，故三者在西。匏、竹、木类也，东生之方，故三者在东。丝成于夏，故在南。革成于冬，故在北。《大师》之序，先之以金、石、土，中之以革、丝，后之以匏、竹、木，盖西者，声之方。虚者，声之本，故音始于西，而终于东。西则先金、石而后土者，阴逆推其所始，东则先匏、竹而后木者，阳顺序其所生。革、丝居南北之正，而先革后丝者，亦先虚之意欤？"○李嘉会曰："万物盈天地间，若坚若脆，若劲若韧，若实若虚，若沈若浮，莫过于金、石、土、革、匏、丝、竹、木，而天下之音具有焉。"]郑锷曰："文之以五声，足以相生，未足以为乐，必以八音播之，则乐成而可听矣。播，言播而散之也。金、石以动之，丝、竹以行之，匏以宣之，瓦以赞之，革、木以节之，此乐之所以成。"（文渊阁《四库全书》本，卷四十）

此则文献中所涉及的四位注家皆为宋人，分别是长沙易祓、永嘉薛季宣、永嘉李嘉会、三山郑锷，其观点在当时颇有影响。易祓所云"八音实直乎八卦"，代表着宋人的普遍认识，但所列举的八音与八卦的对应关系与《乐纬》并不相符。薛季宣与李嘉会之语在原文中为注释文字而出现，其观点已被陈旸《乐书》完全吸纳。郑锷则从声律与乐器配合、乐器之间彼此配合两个角度说明成乐的道理。

陈氏兄弟论乐的文献是对由汉迄宋观点的总结，陈祥道《礼书》释八音、八方、八风与八卦的关系是对汉儒学说的综合整理，但又对诸多文化元素之间建立对应关系的成因进行了推导，并结合虚实、阴阳等观念对八音排序进行了文化阐释：

（《国语》）又曰："金、石以动之，丝、竹以行之，匏以宣之，瓦以赞之，革、木以节之。"如是而铸之金，磨之石，击之丝、木，越之匏、竹，节之鼓而行之以遂八风。[正西曰兑，为金，为阊阖风；西北曰乾，为石，为不周；正北曰坎，为革，为广莫；东北曰艮，为匏，为融风；正东曰震，为竹，为明庶；东南曰巽，为木，为清明；正南曰离，为丝，为景风；西南曰坤，为瓦，为凉风。]万物盈于天地之间，而若坚若脆，若劲若韧，若实若虚，若沉若浮，莫过于金、石、土、革、丝、木、匏、竹，而天下之音具存矣。可以和神人，可以作动物，非深于乐者其能究此乎？盖乐器，重者从细，轻者从大。大不踰宫，细不踰羽。大细之中，则角而已。金，重者也，故尚羽。瓦、丝，轻者也，故尚宫。石，轻于金而重于瓦、丝，故尚角。匏、竹无大细之从，故尚议；革、木无清浊之变，故一声。此八音所以直八卦而遂八风也。盖主朔易者，坎也，故其音革而风广莫；为果蓏者，艮也，故其音匏而风融风；震为竹，故其音竹而风明庶；巽为木，故其音木而风清明；兑为金，故其音金而风阊阖；乾为玉，故其音石而风不周；瓦，土器也，故坤音瓦而风凉；蚕，火精也，故离音丝而风景。风以方言之，金、石则土类也，西凝之方也，故三者在西；匏、竹则木类也，东生之方也，故三者在东；丝成于夏，故在南；革成于冬，故在北。《小胥》之序，八音先之以金、石、土，中之以革、丝，后之以匏、竹、木。盖西者，声之方；虚者，声之本，故音始于西而终于东。西则先金、石而后土者，阴逆推其所始也。东则先匏、竹而后木者，阳顺序其所生也。革、丝居南北之正，而先革而后丝，亦先虚之意欤？（文渊阁《四库全书》本，卷一百十七《八音》篇）

显而易见，八风的方位沿袭了《说文解字》之说，而基于传统文化哲学，对八音文化缘由所作的诸多推测性解说也具有合理性，堪为一家之言，可为陈旸《乐书》观点之补充。

另外，需要说明"八"所体现的数字哲学观念，是以南、北、西、东、西北、东北、西南、东南八方为代表的全方位整体概念为基础而形成的。八卦所象征的八种基本物象分别是天、地、水、火、山、雷、风、泽，对应的卦名分别是乾、坤、坎、离、艮、震、巽、兑，在八方上亦相对应。八卦象征着世间万物，诚如前文所引"伏牺初画八卦，万物之象皆在其中"，而阴阳变幻、相生相克等辩证规律都浓缩在太极图中，形成对事物关系及变化规律既直观又抽象的哲学表达，包蕴着宇宙、人生的全部道理。八风涵盖了所有风向，是天下遍行之风。八音则囊括了所有材质的乐器，是诸类乐器的汇总，构成完满的乐器整体，并在五声、六律的规约下，和谐奏乐。《乐书》所绘的八音图即在太极图的基础上形成。

（三）八音的相关问题辨析

明代朱载堉的《乐律全书》对汉唐以来的许多传统观点进行了颠覆性的大胆挑战，甚至是决绝的否定。若以明代学问空疏之流弊来批评朱氏的观点，显然是肤浅、错误的认识。他的观点反映出时代的重大变革，并对清代乐论产生了深远的影响。

关于其人、其书，四库馆臣如是说：

> 《乐律全书》四十二卷，明朱载堉撰。载堉，郑恭王厚烷世子也。是书万歷间尝进于朝。……载堉究心律数，积毕生之力以成是书。卷帙颇为浩博，而大旨则尽于《律吕精义》一书。……圣祖仁皇帝《律吕正义》一书，备采其说。（《四库全书总目》，卷三八）

由此可见《乐律全书》影响之大，尤其是它引导了清代乐论对乐律数、度的大量研究。其代表性论述如下：

> 臣谨按，上古圣人之制器也，盖必有谓而设，岂徒然哉？是故，锺、磬取其燥湿不改其操，琴、瑟取其繁简不失其节，壎、篪取其温柔而不焦，箫、管取其从容而不迫，籥、篴取其同声而相合，笙、竽取其同均而相和，革、木无预律吕而乐不得不成，惟此八音能事毕矣。八音之外，虽有至音，无以加矣。《书》曰："八音克谐，无相夺伦，神人以和。"此之谓也。先儒论乐器者，率摭末而遗本，夫何谓末？如云农琴、羲瑟、娲笙、舜箫之类，不过尊其人重其器而已，窃以为末者，此类也。如云金徽、玉轸、龙池、凤沼之类，不过华其饰，美其名而已，窃以为末者，此类也。夫何谓本？《周礼·典同》掌六律、六同之和，以为乐器。凡为乐器以十二律为之数度，以十二声为之齐量，凡和乐亦如之。数度、声律，斯为乐器之本者也。世

传八音之器，其形制虽略存乎古，其数度、齐量大抵皆非古制，故虽可吹击以成音曲而不可以感召，盖由其数度、齐量不出于阴阳自然之理，故不可以召天地之和也。先儒序八音：一曰金，二曰石，三曰丝，四曰竹，五曰匏，六曰土，七曰革，八曰木。《周礼》序八音：一曰金，二曰石，三曰土，四曰革，五曰丝，六曰木，七曰匏，八曰竹。《汉志》序八音：一曰土，二曰匏，三曰皮，四曰竹，五曰丝，六曰石，七曰金，八曰木。以此观之，本无一定次序、方位，而陈旸《乐书》配八卦、八风，盖系穿凿傅会，亦所谓末者也。欲造乐器，不知何者宜先，何者宜后，率尔为之，都无可取。据理论之宜，以竹音为先，而匏、土次之，丝又次之，金、石、革、木抑又次焉，此先后之序也。《传》不云乎物有本末，事有终始，知所先后则近道矣，此之谓欤？（文渊阁《四库全书》本，卷八《律吕精义内篇》）

此则文献需从以下三方面详加辨析：

首先，朱载堉肯定了八音乐器分类法具有客观包容性，确实可以起到囊括所有乐器并彼此配合成乐的现实功用，正所谓"八音之外，虽有至音，无以加矣"。朱氏主要立足于乐器制作材质的物理性质，从制器技术的角度来论述八音乐器的特点，推动了乐器制作的科学性研究，但与传统文化哲学的阐释毕竟属于不同的研究范畴。因此，虽为一家之言，却不能尽弃前人成说。

其次，认为先儒对乐器创始人及乐器形制特点的文化阐释是舍本逐末的做法，而数度、声律方为乐器之本。琴、瑟、笙、箫等乐器的发明创造，一如伏羲画卦、仓颉造书，确为集体智慧的结晶，皆非一人之力可以完成，但文献典籍以之归功于某位特定的上古圣贤已成为传统，或许这位先贤在发明的过程中做出了突出贡献，或正是由于他的倡导，才使该创造在他的时代得以应用并推广，从而加速了人类文明进步的历程。于此意义上讲，具有代表性的上古圣贤已成为集体智慧的化身，他的名号与该创造紧密相连，成为集体记忆的纪念方式。因此，历史地看待朱氏此论，显然失之片面，但不妨视之为其主观上欲立新解之前的破除旧说。明代已是近古时期，对科技的关注程度远胜于中古时期的唐宋王朝，从数度、声律等方法研究乐器的确符合科学的要求。然而，哲学求道，科学重术，二者虽不可割裂，但毕竟不同领域的研究各有侧重，思考问题的角度也多存差异，以技术的科学性菲薄哲学形而上的探讨，是缺乏说服力的论断。

最后，朱氏以八音排序代有变异为由，断然否定八音、八风与八卦之间存在对应关系，认为"陈旸《乐书》配八卦、八风，盖系穿凿傅会"。文化的传承本身就是动态的发展过程，在实质的中心原则不发生改变的前提下，外在形式的损益都是促使事物趋于完善的方式，合理的调整是必要的，一成不变反而不符合事物发展的规律。前文通过对历代相关文献的梳理与分析，不难发现八卦成图经历了漫长的岁月，八风名目也几经变化，八音、八风与八卦的对应关系更是诸说杂陈，但都不影响以阴阳辩证观念为核心的文化哲学的传递。

（四）结语

中国传统哲学以追求"自然之道"为最高标准，阴阳观念包含着对立、相生、运动、变化等诸多情况，时与位则是主导变化的两大要素，而天时与方位只是其中的组成部分。如果笼统地说八音与四时节气的关系重在反映"天道"，八音与八风、卦象的关系重在反映"地道"，那么二者皆统合于人对乐律的调和，则反映了"人道"。而这种师法天地的音律调和，即是使阴阳和谐的自然之道。因此，八音不仅是艺术，也是哲学。

八音与八风的文化阐释皆导源于八卦内蕴的哲学思想。八音乐器分类法源于上古，成于商周，而对其内涵的体系化阐释则成于秦汉，传之唐而盛于宋，逐渐丰富、完善。八卦成图本身就是极为重要的上古文化现象，阴阳观念更是辐射到社会生活及思想意识等诸多领域的哲学理念。八音与八卦发生关联，并非宋人的牵强附会，而是上升到哲学高度的理解，是最接近八音本源意旨的解说。

三、"錞于"考异 [①]

"錞于"作为与鼓配合使用的铜质乐器，先秦典籍早有记载，而实器一度失传。《考古图》存录錞于二器，悉无铭识，谨记其尺寸，绘其型模，却未有更详尽的文字描述。《宣和博古图》载"錞"十九器，与现代考古出土实物相类，皆沿用吕氏定名。稽考传世文献，自魏晋六朝以后，关于錞于形制与发声方式的记述分呈两说，而其鲜明的文化特征却传达着上古先民的哲理思考。

（一）"錞于"形制源流考

錞于之名见于《周礼》，鼓人掌职之一便是"以金錞和鼓" [②]，即鼓人以铜制的錞于作为鼓的配器应节而击。郑玄《注》云："錞，錞于也。圆如碓头，大上小下。乐作，鸣之，与鼓相和。" [③] 汉代去古未远，郑注言必有据，绝非空穴来风。唐贾公彦《疏》文虽言"錞于之名出于汉之《大予乐》官" [④]，却不可据此判定此器无更古之渊源。因此，解读"圆

---

① 本节已刊于《中国古典文献学丛刊》（第七卷），收录本书时已做修改。

② 《十三经注疏·周礼注疏》，卷十二《鼓人》。

③ 同上。

④ 同上。

如碓头，大上小下”即为探讨錞于原初形制的关键。

据《说文解字》"碓，舂也"①，是舂米谷的器具。汉桓谭《新论·离事》篇言简意赅地记述了碓的源起与发展，"宓牺之制杵臼，万民以济，及后世加巧，因延力借身重以践碓，而利十倍杵舂。又复设机关，用驴、骡、牛、马及役水而舂，其利乃且百倍"②。由此推知，碓由杵舂发展而来，其悠久的历史可溯源至上古三皇五帝时代，《周易·系辞》曰："黄帝、尧、舜……断木为杵，掘地为臼。臼杵之利，万民以济。"③后世增加杵杆的长度，由人踩踏杵杆端，碓头即可受力舂谷，免去抢肩挥臂之苦。至西晋，杜预作连机碓④，以水力代替人力，进一步提高了生产效率。凡此种种设计，皆在杵杆端多有发明，完全符合现代力学原理，即延长力臂，节省人力，事半功倍。而作为发力点的碓头，器形历久未改，子部农书多有描绘。世人悉知碓为普遍使用的基本农具，故郑玄以碓头比况錞于形制，以求明了。依郑注描述，錞于外观应为表面平滑的半椭圆体，其纵向剖面图应与碓头观感相似，体积并不庞大，宜为小巧之器，其上亦无繁复造型部件。摆放既以宽端为上，窄端为下，势必无法稳立，故需悬垂。此器确曾行用，据梁沈约《宋书·乐志》载："錞，錞于也。圆如碓头，大上小下。今民间犹时有其器。"⑤南朝时尚存此器，可证礼书传注记述不伪。

---

① 中华书局影印本《说文解字》。

② （汉）桓谭. 新论 [M]. 上海：上海人民出版社，1977（6）：46.

③ 《十三经注疏·周易正义》，卷八《系辞》下。

④ （宋）《广韵》卷四引《通俗文》云："水碓曰辘车。杜预作连机碓。"（据文渊阁《四库全书》本）

⑤ 《二十五史》本，卷十九。

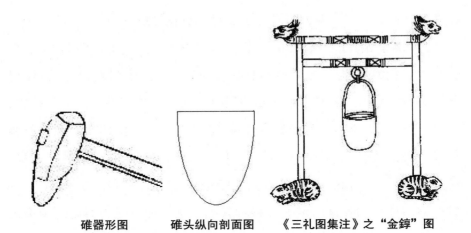

碓器形图　　　　碓头纵向剖面图　　《三礼图集注》之"金錞"图

錞于实物一度失传，自唐李延寿《南史》《北史》之后，关于錞于形制与发声方式的描述皆迥异于前。据《南史·始兴简王鉴传》载：

> 始兴简王鉴，字宣彻，高帝第十子也。……时有广汉什邡人段祖以淳于献鉴，古礼器也。高三尺六寸六分，围三尺四寸，圆如筒，铜色，黑如漆，甚薄，上有铜马。以绳县马，令去地尺余。灌之以水，又以器盛水于下，以芒茎当心跪注淳于，以手振芒，则声如雷，清响良久乃绝，古所以节乐也。（《二十五史》本，卷四十三）

此则文献所描述的錞于形制已与现代考古出土实器相仿佛。而其发声方式源于晋干宝之《周礼》注。较《南史》记事更为详密的《北史》，与唐令狐德棻等撰《周书·斛斯征传》载事悉同：

> 斛斯征，字士亮，河南洛阳人。父椿，太傅尚书令。征，幼聪颖，五岁诵《孝经》《周易》，识者异之。及长，博涉群书，尤精《三礼》，兼解音律。有至性，居父丧，朝夕共一溢米。以

父勋累迁太常卿。自魏孝武西迁，雅乐废缺。征博采遗逸，稽诸典故，创新改旧，方始备焉。又，乐有錞于者，近代绝无此器，或有自蜀得之，皆莫之识。征见之曰："此錞于也。"众弗之信。征遂依干宝《周礼》注，以芒筒捋之，其声极振。众乃叹服。征乃取以合乐焉。……（《二十五史》本，卷二十六）

干宝为东晋时人，所注《周礼》今虽亡佚，但南北朝时尚存，遂为斛斯征验证錞于之依据。干宝所处的时代早于南朝沈约，后者犹见形如碓头之錞于，而前者描述却如筒状，二者记述殊为不同，说明錞于在魏晋六朝时期已出现别于郑注解说之制。李延寿与令狐德棻皆为初唐贞观时人，悉从干宝之说。

至宋，依然两说并存。聂崇义《三礼图集注》所绘金錞器形图与郑注大致相合。而《考古图》卷七载豫章（今江西南昌市）出土二器，与《宣和博古图》所存十九器，形制皆类《南史》记述，以"錞于"名之。

观此器形，整体大致为椭圆筒型。器顶或有平盘，盘中置旋钮；或无平盘，直置旋钮于顶中央。旋钮可以立体动物造型为饰。器肩浑圆，向外鼓出，器腹内收，似直壁形，下口直径明显小于上肩直径，中空，平底，近口处或有稍向外侈者，器身多绘纹饰。此器悬垂尚可，置地亦稳，击之皆可发声。《宣和博古图》对定名此器之缘由证据寥寥，却颇为不屑传注、器图之说，坚决否定并讥笑前贤所述錞于形制。《錞总说》篇中存此专论：

《周官》谓鼓人"以金錞和鼓"，《释音》以"金錞即錞于"，正谓是耳。其制，中虚椎首而杀其下。后世去古既远，斯器蔑闻，知之盖寡。至六朝，江左之宋，方有得于蜀者以献始兴王鉴。其上为铜马，系而垂之，用器盛水，以置其下，注以芒而手振之，与水相应，声若雷发。自兹复有传其器者，所以当时备充庭之乐，而錞于遂与鼓、相、铙、铎用为次列焉。及观之近代，窦俨撰为《礼图》，当时未睹前制，徒取诸昔人传注之学而臆度以成式，则有如杯、盂之状，仰而系其两傍，以属于簨虡，固自以为得矣。今观斯器一出，以照映其陋。吁！可笑已。惜夫世之相后，不得而见焉。使其见之，宁不愧哉？（文渊阁《四库全书》本，卷二十六）

在对"周圆花錞"的器形解说中，王氏亦鄙薄先儒《礼图》之见。其文曰：

非若汉儒《礼图》之陋，特取象于盂器者，不其谬哉！（同上）

在解说"周系马錞"之后，王黼案语云：

今乐府金錞就击于地，灌水之制，不复考矣。（同上）

综王黼之论，归纳要点如下。其一，王氏以"后世去古既远，斯器蔑闻，知之盖寡"为由，只引《周礼》经文，弃郑注、贾疏而不论。錞于失传既久，出土器物未见合于《礼图》者，故王氏不信礼书之言，而鄙薄《礼图》诸作皆囿于"传注之学而臆度以成式"。其二，概述錞于"其制，中虚椎首而杀其下"，十分笼统，不能据此描摹出器物具体形制。其三，灌水而击，或置金錞于地，皆悖离古法。虽然如此，《考古图》与《宣和博古图》所载錞于确为当时出土始见之器，亦可悬垂

打击，与鼓相和。其悬垂之状，和鼓奏乐之情景，有云南晋宁石寨山 [①]
滇族祭祀贮贝器刻图为证。

云南晋宁古墓出土的贮贝器所刻錞于和鼓图

清乾隆年间敕修的《西清古鉴》力驳《南史》之见。清著亦依宋说
而载录完整"錞于"三器及一佚失器身之虎型旋钮，皆判为周物。其
解"周虎錞"云：

> 《南史》乃谓灌之以水，又以器盛水于下，以芒茎当心跪注
> 云云，语不可晓。盖古人用以节乐，亦叩之则鸣，如钟类耳。
> 《南史》之说未尽然也。（文渊阁《四库全书》本，卷三十七）

---

① 　云南省晋宁县石寨山古墓群，是战国时期至东汉初年西南地区滇王及其臣仆的墓葬遗
址。与史籍文献记载相合，确证云南古滇国文明为信史，同时也是颇具代表性的青铜
文化遗存。器物风格特点是以鲜明的滇族本地原始文化为基础，融合外来文化元素而
独树一帜。金錞和鼓之制经由中原传入滇国的可能性极大，因此，本书援引此贮贝器
刻图，旨在证明不可遽否《宣和博古图》所绘錞于形制。（参考云南省博物馆编著的《云
南晋宁石寨山古墓群发掘报告》，文物出版社，1959 年）。

综观历代诸说，可以肯定魏晋六朝以后定名錞于之器，并非礼书记载的原初形制，发声方式也不尽相同，但对与鼓相合的配乐功能全无异议，而且其承载的深厚文化意蕴不因诸说杂陈而稍有减损，诚如宋黄伯思《东观余论》卷上《汉金錞说》所言：

> 今此器上有蹲兽，可系以縆，与《南史》之说同。但錞首巨而圆，下乃寖小，非若筩也。及舂之于地，则声自上发，回旋鍧磕于錞之首，磅礴不散，甚大而宏，亦若雷然，清响良久，不必注以水而振以芒也。此器本六，长短相第，其三已归内府，制作尤工，皆周器也。今此三器，其一有汉泉文，盖汉器耳。周錞之系兽，卬首卷尾为蚳之状。蚳，智兽也。智于方属北，阴阳相辨之时也。王安石以錞于文从金、从敦，谓阴与阳和而敦，故曰"和鼓"。以义考之，和则可，否相济，辨而和，和而敦，阴阳辨于北之时，如之宜和鼓之器，饰以智物。是器也，祕阁旧籍目之为锺，初未知其为錞。臣等受诏汇分而物辨之，稽经而合，庶可备采择之一焉。（文渊阁《四库全书》本）

黄伯思亲辨錞于，比勘诸说异同，所论器物形制及发声方式，不仅合于当时，亦合于现今出土的实器情况。此篇虽主以汉金錞为论，而器物所包蕴的文化含义却成于商周而传于后世。

（二）"金錞和鼓"的文化考释

錞于与鼓的关系甚为密切。鼓之起源可溯至原始社会晚期的新石器时代，考古出土的"陶鼓"可为确证，是不刊之论。又据《山海经·大荒东经》记载：

> 东海中有流波山，入海七千里。其上有兽，状如牛，苍身
> 而无角，一足，出入水则必风雨，其光如日月，其声如雷，其
> 名曰夔。黄帝得之，以其皮为鼓，橛以雷兽之骨，声闻五百
> 里，以威天下。[①]（《山海经校注》，卷十四）

此则文献记述了黄帝之鼓的由来，即以夔皮制鼓面，以雷兽骨为槌。
相传黄帝对阵蚩尤，擂鼓九通，山鸣谷应，军威大振。此鼓为黄帝取
胜立下了汗马功劳[②]。作为先秦典籍的《山海经》，因其满纸"怪力乱
神"，不为世人取信，但恰是这些诡奇旖丽的故事透出的幽微信息，为
某些原始信仰的寻踪提供了重要线索。

鼓响声若雷，直冲霄汉，慑人心魄，加之神异的起源，后世才对
其具有感神通灵的作用深信不疑，故成为祭祀活动不可或缺之物，并
因祭祀对象不同而用鼓等级有差，以明辨礼仪规格。《周礼·鼓人》载
六鼓之别：

> （鼓人）教为鼓而辨其声用。以雷鼓鼓神祀，以灵鼓鼓社祭，
> 以路鼓鼓鬼享，以鼛鼓鼓军事，以鼖鼓鼓役事，以晋鼓鼓金奏。
> （《十三经注疏·周礼注疏》，卷十二）

依郑注、贾疏所解，针对不同祭祀对象而设计的鼓，因形制差异而响
声有别。雷鼓为八面鼓，专祀天神；灵鼓为六面鼓，专祭地祇；路鼓为

---

① 清吴任臣撰《山海经广注》卷十四《大荒东经》案语中，首先辨明传说中另一如龙有
角的夔与此则文献所描绘的似牛无角的夔是"名同实异"的两种神兽，黄帝以后者之
皮制鼓，此论为确。

② 袁珂. 中国古代神话 [M]. 北京：华夏出版社，2004（1）:118. 参见第四章"黄帝和蚩尤
的战争"第三节。

四面鼓，专享宗庙；鼖鼓为两面鼓，专司军事；鼛鼓用于役事，晋鼓用于奏乐。后二鼓未言鼓面数，盖与前者同而从略，诸家《礼图》亦如是绘之。鼓的重要作用诚如贾公彦《疏》所云"五声须鼓乃和"[①]，又《礼记·学记》说为"鼓无当于五声，五声弗得不和"[②]，颇为恰切。击鼓的同时，有四金之音分别与之配合，即"以金錞和鼓，以金镯节鼓，以金铙止鼓，以金铎通鼓"[③]。

由用鼓等差可窥知当时礼仪制度体系的相关形态。出于实用目的设计的金鼓配合之制，体现出古人进退有节、阴阳调和的重要思想。《周礼·鼓人》篇对此仪规的系统论述，正是六鼓四金相和而用发展到成熟阶段的标志。

宋人认同周代已存錞于之器，皆不疑《周礼》所载金鼓实用规制。《宣和博古图》所录錞于多判为周代制作，其器皆已不传，今人无缘得见，而王黼亲睹详观，所论应不无道理。王氏盛赞"周山纹錞"为"晚周精工之制"[④]，亦恐非妄谬。目前考古发掘可见之錞于，皆为春秋晚期或战国时期器物，但作为鼓的重要伴器，錞于始见上限至少不应晚于周代。

依经文所讲，四金的作用在于以金錞调和鼓声，以金镯节制鼓声，以金铙命令鼓声停止，以金铎示意鼓声齐作。铎与铙分别司主鼓声鸣止，而錞与镯的作用差异需加细别。

"以金錞和鼓"行用于汉乐，已为经见。然，注疏皆仅言錞于乐的作用，无涉其他。贾公彦《疏》云："谓作乐之时，以此金錞和于鼓节也。"[⑤]案语中，贾氏说得更加明白："下三金皆大司马在军所用，有文。

① 《十三经注疏·周礼注疏》，卷十二《鼓人》。
② 《十三经注疏·礼记正义》，卷三十六《学记》。
③ 《十三经注疏·周礼注疏》，卷十二《鼓人》。
④ 文渊阁《四库全书》本《宣和博古图》，卷二十六。
⑤ 《十三经注疏·周礼注疏》，卷十二《鼓人》。

此金錞不见在军所用，明作乐之时与鼓相和，故云'和鼓'也。"① 錞于用于合乐，毋庸赘言，但亦为军用，犹需申论。

鼓原初的作用即助战，金錞未必不先和于战鼓。金錞之音与鼓声有机融合，能够更加有效地传达军将指令，凸显奋勇坚决的情感内涵，烘托战争气氛，鼓舞士气，此即可作金錞和于军鼓之解，与下文"以金镯节鼓"并不矛盾。金镯之音控制鼓的节拍，使之舒缓得当，抑扬有致，即谓"节鼓"。金錞与金镯在配合战鼓的功用上完全可以各司其职，如宋王昭禹所言"六乐之作也，其先后曲直则有节，而小大清浊相应而不相陵，则和矣"②。此句虽仍针对和乐而言，但指出"节"与"和"指称内涵并不相同，于实际应用却可兼容。一场战争中，金錞与金镯或择一而用，或兼用无嫌。四金皆依具体战事需要而选用，其声响出现在鼓点的不同拍节，即可明确表达不同的含义。《国语》中存录两则力证。一则，《晋语》有"战以錞于、丁宁，儆其民也"③ 之句，清代王念孙虽以此处"战"音为"惮"，训为惧，但亦明确指出"钟鼓、錞于、丁宁皆战所必用"④。二则，《吴语》载："昧明，王乃秉枹，亲就鸣钟鼓、丁宁、錞于，振铎，勇怯尽应，三军皆哗釦以振旅，其声动天地。"⑤ 足见金鼓合鸣，士气高昂的挑战场面，致使"晋师大骇不出"⑥。宋人陈氏援引上述部分文献，得出"兵法固用錞矣"⑦ 的结论，颇有见地。

金錞和鼓的文化意义不仅体现在音乐元素的彼此配合上，而且蕴

---

① 《十三经注疏·周礼注疏》，卷十二《鼓人》。

② 文渊阁《四库全书》本《周礼详解》，卷二十一。

③ 徐元诰.国语集解（修订本）[M].北京：中华书局，2002（6）：379。案，丁宁即钲。

④ 同上。

⑤ 同上，第550页。案，此则文献中"王"指吴王夫差。

⑥ 同上。

⑦ 文渊阁《四库全书》本《周礼订义》，卷二十。

含着古人深邃的阴阳学观念。不论郊祀、宴飨助乐，还是两军对垒助阵，融入金镈配器，皆丰富了鼓乐元素。八音之中，鼓属革，其声浑厚雄沉，而金音清脆尖厉，足以穿透鼓声，有效避免了单音诱发的冗长乏味感，且强调了鼓声要表达的情绪，起到恰切的调和衬托作用。正如《周礼订义》解说郑锷之语：

其说以为鼓之击也，无以和之，则其声单出而无铿锵之美，必和之以金镈。（文渊阁《四库全书》本，卷二十）

金镈的音质特点富于"铿锵之美"，凸显节奏性，强化鼓乐内涵的坚定意义，更易激动人心。于祀，可达祭者精诚之志；于战，可励将士斗志昂扬；于宴，可令宾主尽欢，畅抒胸臆。因此，金镈之音适于鼓进，即伴音助鼓。

金鼓相和所包蕴的阴阳观念，如宋王昭禹论四金之义时的解说：

夫鼓之为声皆阳也，金之为声皆阴也，阴阳合而后为道，故鼓与金相湏以为用，而不可以偏立也。"以金镈和鼓"者，鼓倡而和之也；"以金镯节鼓"者，鼓行而节之也；"以金铙止鼓"者，鼓退而止之也；"以金铎通鼓"者，鼓作而通之也……和则与之合，节则与之别，止所以胜之，通所以作之。金，阴物，故和之、节之、止之、通之，皆在鼓后。其止鼓也，则于鼓退。退，则为阴用事之时，阳于是止焉。和鼓、节鼓、通鼓则于鼓进。进，则为阳用事之时，阴出佐之。而止阴始于和阳，中于节止，不可以终止也，故通鼓终焉。（文渊阁《四库全书》本，卷十二）

阴阳相和即为形而上之道，形而下者，则为可见、可用之器。往圣寓道于器，"由形下之器而会形上之道，庶几不失古圣人之遗意也"[①]，览器悟道遂成后学趣尚。此则文献是金鼓相和为用的阴阳学阐释。中国传统哲学素以阴阳调和的中庸之道为行事顺遂的基础。鼓阳金阴，进退之间，相生相克的原则自然包蕴其中。金奏依序合节，分寸得当，鼓声抑扬鸣止遂可掌控。文献中，金鼓配合，相融一体，并无因用鼓场合不同而存用金之禁忌，由此更可佐证金錞的适用领域绝非囿于宴乐。且"金錞和鼓"作阳用事时阴为佐助之解，故金錞用于助鼓而进。《周易》中成熟的阴阳学体系及丰富的思想内涵，足以表明辩证的阴阳观念孕于上古，成于当时，传于后世，根深蒂固地全方位渗融于民族文化之中，历史悠久且深入人心。因此，虽然郑注、贾疏言未及于此，但以阴阳学理论阐发金鼓相和之义渊源有自，并非宋人之牵强附会。

观今称"錞于"之器，其旋钮造型及器身绘图多以鱼、凤为饰，而出现频率最高的器饰莫过于虎，其性皆属阴，与金錞一致。在《宣和博古图》中，王黼不止一次地论述虎饰意义，援引以下两则文献为例：

是器，乃特饰以虎、龙。盖以虎、龙之交遘，阴阳相和之义也，故于錞有之。然而，又著以凤、云者，则亦以云从龙，凤从虎也。（文渊阁《四库全书》本，卷二十六）

右七器，形制皆同，大小则异。钮俱作虎状。按，虎，西方义兽，金属也，故于錞有之。王安石释《周官·鼓人》云："以錞和鼓，盖鼓则进，进则为阳。用事之时，阴出佐之而已。"（同上）

---

① 文渊阁《四库全书》本《重刻〈考古图〉序》。

錞于上常见云雷纹，或绘于虎钮周身，或环绕器肩，或位于器身下部近口处为宽带一周，或配合虎饰，或独立出现，皆取"云从龙，风从虎"之义，承载着丰富的哲学内涵，反映出深厚的文化积淀。此语源出《周易》，唐孔颖达《正义》曰：

> "云从龙，风从虎"者，龙是水畜，云是水气，故龙吟则景云出，是云从龙也。虎是威猛之兽，风是震动之气，此亦是同类相感，故虎啸则谷风生，是风从虎也。（《十三经注疏·周易正义》，卷一）

虎属阴，结合五行，位于西方，又属金，加之虎啸如雷，兼具威猛寓意，故最宜与錞于相配以助鼓。如《宣和博古图》所录"周虎龙錞"，器身主体图饰龙、虎并用，下部近口处环绕宽带云雷纹，颇合《周易》之解。龙吟虎啸，风云相从，取阴阳合德，刚柔有体之意，即为此类。

　　迄今可见的錞于遗存为数不多，虎饰特点却极为鲜明、生动。以四川涪陵小田溪出土的"虎钮錞于"（如下图所示全器与局部）为战国时器，形制最为典型。《后汉书·南蛮传·西南夷传》载巴人首领"廪君死，魂魄世为白虎。巴氏以虎饮人血，遂以人祠焉"[1]的传说，巴蜀铜器多有虎饰，"可能与文献记载的巴族以白虎为图腾的传说有关"[2]。因此，原始社会某些部族崇拜的虎图腾也是金錞饰虎的文化渊源之一，阴阳学观念已深蕴其中。

---

[1] 《后汉书·南蛮传·西南夷传》，《二十五史》本，卷一百十六。

[2] 中国青铜器全集（第十三卷 巴蜀）[M]. 北京：文物出版社，1996（7）：51.

虎钮錞于（战国）　　　　　　　　　　虎钮錞于（局部）

　　综上考释，錞于行用时间的始见上限，至少应比目前通行的春秋
说提前。作为鼓的重要伴器，其形制在周代已臻完备，六鼓四金相和
为用是成熟的配器制度。其适用场合并无明文限制，戎事、祭祀、宴
乐皆可。金錞和鼓，助鼓而进，与金镯节鼓作用有别。现今通称为"錞
于"之器，纹饰特点鲜明，体现着浓郁的阴阳学文化内涵。

参考文献

一、古籍文献

1.《周易正义》,《十三经注疏》本,中华书局影印,1980年。

2.《尚书正义》,《十三经注疏》本,中华书局影印,1980年。

3.《毛诗正义》,《十三经注疏》本,中华书局影印,1980年。

4.《周礼注疏》,《十三经注疏》本,中华书局影印,1980年。

5.《仪礼注疏》,《十三经注疏》本,中华书局影印,1980年。

6.《礼记正义》,《十三经注疏》本,中华书局影印,1980年。

7.《春秋左传正义》,《十三经注疏》本,中华书局影印,1980年。

8.《论语注疏》,《十三经注疏》本,中华书局影印,1980年。

9.《尔雅注疏》,《十三经注疏》本,中华书局影印,1980年。

10.《淮南子》,《诸子集成》本,中华书局,1954年。

11.《孔子家语》,文渊阁《四库全书》本。

12.《吕氏春秋》,《诸子集成》本,中华书局,1954年。

13.(汉)戴德:《大戴礼记》,文渊阁《四库全书》本。

14.(汉)刘向:《说苑》,文渊阁《四库全书》本。

15.（汉）刘向：《说苑校证》（向宗鲁校证），中华书局，1987年。

16.（汉）司马迁：《史记》，《二十五史》本，上海古籍出版社，1986年。

17.（汉）班固：《汉书》，《二十五史》本，上海古籍出版社，1986年。

18.（汉）桓谭：《新论》，上海人民出版社，1977年。

19.（汉）王逸：《楚辞章句》，文渊阁《四库全书》本。

20.（汉）许慎撰，（宋）徐铉校定：《说文解字》，中华书局影印，1963年。

21.（晋）郭象：《庄子注》，文渊阁《四库全书》本。

22.（晋）郭璞注，（清）洪颐煊校：《穆天子传》（张耘点校），岳麓书社，2006年。

23.（南朝宋）范晔：《后汉书》，《二十五史》本，上海古籍出版社，1986年。

24.（南朝梁）沈约：《宋书》，《二十五史》本，上海古籍出版社，1986年。

25.（南朝陈）虞荔：《鼎录》，据文渊阁《四库全书》本。

26.（唐）成伯玙：《毛诗指说》，文渊阁《四库全书》本。

27.（唐）杜佑：《通典》，中华书局，1988年。

28.（唐）李延寿：《北史》，《二十五史》本，上海古籍出版社，1986年。

29.（唐）李延寿：《南史》，《二十五史》本，上海古籍出版社，1986年。

30.（唐）令狐德棻等：《周书》，《二十五史》本，上海古籍出版社，1986年。

31.（后晋）刘昫等：《旧唐书》，《二十五史》本，上海古籍出版社，1986年。

32.（宋）《宋本广韵》，北京市中国书店，1982年。

33.（宋）蔡絛:《铁围山丛谈》（冯惠民校），中华书局，1983年。

34.（宋）陈经:《尚书详解》，文渊阁《四库全书》本。

35.（宋）陈祥道:《礼书》，文渊阁《四库全书》本。

36.（宋）陈旸:《乐书》，文渊阁《四库全书》本。

37.（宋）洪迈:《容斋随笔》，万卷出版公司，2009年。

38.（宋）胡瑗:《洪范口义》，文渊阁《四库全书》本。

39.（宋）黄伯思:《东观余论》，文渊阁《四库全书》本。

40.（宋）李清照:《李清照集笺注》（徐培均笺注），上海古籍出版社，2002年。

41.（宋）林希逸:《考工记解》，文渊阁《四库全书》本。

42.（宋）陆佃:《埤雅》，文渊阁《四库全书》本。

43.（宋）吕大临:《考古图》，文渊阁《四库全书》本。

44.（宋）罗愿:《尔雅翼》，文渊阁《四库全书》本。

45.（宋）聂崇义:《新定三礼图》（丁鼎点校解说），清华大学出版社，2006年。

46.（宋）欧阳修、宋祁:《新唐书》，《二十五史》本，上海古籍出版社，1986年。

47.（宋）欧阳修:《集古录》，文渊阁《四库全书》本。

48.（宋）欧阳修:《欧阳修全集》（李逸安点校），中华书局，2001年。

49.（宋）阮逸、胡瑗:《皇祐新乐图记》，文渊阁《四库全书》本。

50.（宋）苏轼:《东坡志林》（王松龄点校），中华书局，2002年。

51.（宋）王黼:《重修宣和博古图》，文渊阁《四库全书》本。

52.（宋）王俅:《啸堂集古录》，文渊阁《四库全书》本。

53.（宋）王应麟:《玉海》，文渊阁《四库全书》本。

54.（宋）王与之:《周礼订义》，文渊阁《四库全书》本。

55.（宋）王昭禹:《周礼详解》,文渊阁《四库全书》本。

56.（宋）薛居正等:《旧五代史》,《二十五史》本,上海古籍出版社,1986年。

57.（宋）薛尚功:《历代钟鼎彝器款识法帖》,文渊阁《四库全书》本。

58.（宋）易袚:《周官总义》,文渊阁《四库全书》本。

59.（宋）翟耆年:《籀史》,文渊阁《四库全书》本。

60.（宋）赵明诚:《金石录》,文渊阁《四库全书》本。

61.（宋）赵明诚:《金石录校证》（金文明校证）,广西师范大学出版社,2005年。

62.（宋）赵彦卫:《云麓漫抄》（傅根清点校）,中华书局,1996年。

63.（宋）郑樵:《六经奥论》,文渊阁《四库全书》本。

64.（宋）郑樵:《通志》,浙江古籍出版社,2000年。

65.（宋）朱申:《周礼句解》,文渊阁《四库全书》本。

66.（元）马端临:《文献通考》,中华书局,2006年。

67.（元）脱脱等:《宋史》,《二十五史》本,上海古籍出版社,1986年。

68.（元）王祯:《农书》,文渊阁《四库全书》本。

69.（明）曹学佺:《蜀中广记》,文渊阁《四库全书》本。

70.（明）陈士元:《论语类考》,文渊阁《四库全书》本。

71.（明）方以智:《通雅》,文渊阁《四库全书》本。

72.（明）刘绩:《三礼图》,文渊阁《四库全书》本。

73.（明）王应电:《周礼传》,文渊阁《四库全书》本。

74.（明）徐光启:《农政全书》,文渊阁《四库全书》本。

75.（明）徐元太:《喻林》,文渊阁《四库全书》本。

76.（明）朱载堉:《乐律全书》,文渊阁《四库全书》本。

77.（清）《西清古鉴》,文渊阁《四库全书》本。

78.（清）陈元龙:《格致镜原》,文渊阁《四库全书》本。

79.（清）高士奇:《左传纪事本末》,文渊阁《四库全书》本。

80.（清）黄以周:《礼书通故》（王文锦点校）,中华书局,2007年。

81.（清）阮元:《积古斋钟鼎款识》,商务印书馆,1937年。

82.（清）王聘珍:《大戴礼记解诂》（王文锦点校）,中华书局,1983年。

83.（清）吴任臣:《山海经广注》,文渊阁《四库全书》本。

84.（清）朱彬:《礼记训纂》（饶钦农点校）,中华书局,1996年。

二、研究论著

1. 中国青铜器全集 [M]. 北京：文物出版社,1996.

2. 中国陶瓷全集 [M]. 上海：上海人民美术出版社,2000.

3. 安金槐. 中国考古 [M]. 上海：上海古籍出版社,1997.

4. 巴新生. 西周伦理形态研究 [M]. 天津：天津古籍出版社,1997.

5. 曹玮. 周原出土青铜器 [M]. 成都：巴蜀书社,2005.

6. 陈梦家. 西周铜器断代 [M]. 北京：中华书局,2004.

7. 陈佩芬. 夏商周青铜器研究 [M]. 上海：上海古籍出版社,2004.

8. 丁季华,等. 中国古代文明起源 [M]. 上海：上海科学技术文献出版社,2007.

9. 丁山. 古代神话与民族 [M]. 北京：商务印书馆,2005.

10. 杜建民. 中国历代帝王世系年表 [M]. 济南：齐鲁书社,1995.

11. 杜廼松. 中国青铜器 [M]. 北京：中央编译出版社,2008.

12. 段勇. 商周青铜器幻想动物纹研究 [M]. 上海：上海古籍出版社,2012.

13. 方向东. 大戴礼记汇校集解 [M]. 北京：中华书局,2008.

14. 冯时. 中国天文考古学 [M]. 北京：中国社会科学出版社,2007.

15. 冯先铭 . 中国古陶瓷图典 [M]. 北京：文物出版社，1998.

16. 顾德融、朱顺龙 . 春秋史 [M]. 上海：人民出版社，2003.

17. 郭宝钧 . 中国青铜时代 [M]. 北京：生活·读书·新知三联书店，1963.

18. 胡厚宣、胡振宇 . 殷商史 [M]. 上海：人民出版社，2003.

19. 黄灵庚 . 楚辞章句疏证 [M]. 北京：中华书局，2007.

20. 江林昌 . 中国上古文明考论 [M]. 上海：教育出版社，2005.

21. 金景芳、吕绍纲 . 周易全解（修订本）[M]. 上海：上海古籍出版社，2005.

22. 黎东方 . 中国上古史八论 [M]. 台北：中国文化大学出版部，1983.

23. 李朝远 . 青铜器学步集 [M]. 北京：文物出版社，2007.

24. 李济 . 殷墟青铜器研究 [M]. 上海：世纪出版集团，2008.

25. 李零 . 简帛古书与学术源流（修订本）[M]. 北京：生活·读书·新知三联书店，2008.

26. 李先登 . 商周青铜文化 [M]. 北京：中国国际广播出版社，2009.

27. 李先登 . 夏商周青铜文明探研 [M]. 北京：科学出版社，2001.

28. 李学勤 . 新出青铜器研究 [M]. 北京：文物出版社，1990.

29. 李学勤 . 中国古代文明研究 [M]. 上海：华东师范大学出版社，2005.

30. 李学勤 . 中国青铜器概说（英文版）[M]. 北京：外文出版社，2008.

31. 李学勤 . 走出疑古时代 [M]. 长春：长春出版社，2007.

32. 李学武编著 . 中国原始彩陶 [M]. 南昌：江西美术出版社，2007.

33. 刘彬徽 . 楚系青铜器研究 [M]. 武汉：湖北教育出版社，1996.

34. 刘启益 . 西周纪年 [M]. 广州：广东教育出版社，2002.

35. 陆思贤、李迪 . 天文考古通论 [M]. 北京：紫禁城出版社，2000.

36. 吕思勉 . 吕思勉中国文化史 [M]. 北京：海潮出版社，2008.

37. 吕振宇 . 殷周时代的中国社会 [M]. 石家庄：河北教育出版社，2000.

38. 马承源 . 中国青铜器（修订本）[M]. 长春：上海古籍出版社，2003.

39. 孟世凯 . 商史与商代文明 [M]. 上海：科学技术文献出版社，2007.

40. 彭林 . 中国古代礼仪文明 [M]. 北京：中华书局，2004.

41. 齐文心、王贵民 . 商西周文化志 [M]. 上海：人民出版社，1998.

42. 容庚 . 金文编 [M]. 北京：中华书局，1985.

43. 容庚 . 商周彝器通考 [M]. 上海：人民出版社，2008.

44. 沈长云 . 上古史探研 [M]. 北京：中华书局，2002.

45. 沈颂金 . 考古学与二十世纪中国学术 [M]. 北京：学苑出版社，2003.

46. 施雅风、张丕远主编 . 中国历史气候变化 [M]. 济南：山东科学技术出版社，1996.

47. 宋镇豪 . 夏商社会生活史 [M]. 北京：中国社会科学出版社，1996.

48. 谭其骧主编 . 简明中国历史地图集 [M]. 北京：中国地图出版社，1991.

49. 唐兰 . 西周青铜器铭文分代史征 [M]. 北京：中华书局，1986.

50. 王国维 . 观堂集林（附别集）[M]. 北京：中华书局，1959.

51. 王美凤等著 . 春秋史与春秋文明 [M]. 上海：科学技术文献出版社，2007.

52. 王玉哲 . 中华远古史 [M]. 上海：人民出版社，2003.

53. 徐天进 . 吉金铸国史：周原出土西周青铜器精粹 [M]. 北京：文物出版社，2002.

54. 徐元诰撰，王树民、沈长云点校 . 国语集解（修订本）[M]. 北京：中华书局，2002.

55. 杨宝成 . 殷墟文化研究 [M]. 武汉：武汉大学出版社，2003.

56. 杨伯达主编 . 中国玉器全集 [M]. 石家庄：河北美术出版社，2005.

57. 杨宽.西周史 [M].上海：人民出版社，2003.

58. 尹盛平.周原文化与西周文明 [M].南京：江苏教育出版社，2005.

59. 袁珂.山海经校注 [M].上海：古籍出版社，1980.

60. 袁珂.中国古代神话 [M].北京：华夏出版社，2004.

61. 岳洪彬.殷墟青铜礼器研究 [M].北京：中国社会科学出版社，2006.

62. 云南省博物馆编著.云南晋宁石寨山古墓群发掘报告 [M].北京：文物出版社，1959.

63. 詹鄞鑫.神灵与祭祀——中国传统宗教综论 [M].南京：江苏古籍出版社，1992.

64. 詹子庆.夏史与夏代文明 [M].上海：科学技术文献出版社，2007.

65. 张光直.中国青铜时代 [M].北京：生活·读书·新知三联书店，1999.

66. 张广志.西周史与西周文明 [M].上海：科学技术文献出版社，2007.

67. 张亚初、刘雨.西周金文官制研究 [M].北京：中华书局，1986.

68. 张之恒.中国考古通论 [M].南京：南京大学出版社，2009.

69. 周延良.宋代古器图录学的社会文化背景 [J].古籍整理研究学刊，2009（2）。

70. 朱凤瀚，徐勇.先秦史研究概要 [M].天津：天津教育出版社，1996.

71. 朱凤瀚.古代中国青铜器 [M].天津：南开大学出版社，1995.

72. 朱凤瀚.商周家族形态研究（增订本）[M].天津：天津古籍出版社，2004.

后 记

我的硕士专业是中国古代文学，博士专业是中国古代史。无论是典雅隽永的古诗文，还是悠远深邃的历史，都是我心底始终不渝的挚爱。2010年夏，我从天津师范大学博士毕业后，进入天津大学国际教育学院，从事对外汉语教学与研究工作，所发表的教学论系列论文即是教学心得的提炼与总结。近年来，我的研究逐渐回归古典文学专业，主要是由以下两方面原因促成的。

其一，我常年承担学院古代汉语、中国文化等课程的教学任务，在与国际学生的交往中，深感其对中国传统文化知识的渴求，也痛感对外文化教学之艰难。讲台上，面对来自异质文化、汉语水平有限的国际学生，即便使尽浑身解数，教学效果也难尽如人意，未免有"不惜歌者苦，但伤知音稀"之慨叹。每每独坐书斋，静对书柜满架往圣先贤的著作，更因未能申述其志、深负平生所学而常怀愧疚。同时，也意识到继续做好文史专业研究，对准确而有效地传播优秀的中华传统文化有所裨益。

其二，2015年暮春时节，偶然的机缘接触到了"新吟诵"。同年7月，即赴北京水长城东方书院参加中华吟诵学会举办的吟诵中级班师资培训。新吟诵，与我自学生时代起常常聆听的叶嘉莹先生传统吟诵判然有别，这激发起我探索传统吟诵的兴趣。我想尽一份努力来告诉世人：如何在音韵学与韵律学的基础上，以科学的方法掌握正确的传统读诵与吟咏，使之真正有助于旧体诗文的研习与创作。自此，便开启了与恩师著名音韵学家冯蒸教授合作研究传统吟诵的探索之旅。截至2018年底，发表的《叶嘉莹吟诵理论新探》与《王力近体诗节奏理论研究》两篇论文，是我们历时三载研究的阶段性成果。

无论是对中国古典文学的研究，还是对传统吟诵与国学教育的探索，都尚在进行之中。2019年初，将我的博士学位论文进行大幅度修改之后，凝练、整理为《古器图录与商周礼制文化研究》一书，且作为天津大学自主创新基金项目成果，有幸入选《光明社科文库》资助出版。本书付梓之际，笔者对近十年来的学术历程做一次简短的回顾。书稿未妥之处，敬请读者批评指正。

牛倩

2019年1月22日

于天津大学北洋园